中国式现代化大家谈

多学科视野下的中国式现代化

郑敬斌　主编

山东大学出版社
SHANDONG UNIVERSITY PRESS
·济南·

图书在版编目(CIP)数据

中国式现代化大家谈 ：多学科视野下的中国式现代化 / 郑敬斌主编. --济南 ：山东大学出版社，2024. 12. --ISBN 978-7-5607-8540-0

Ⅰ. D61-53

中国国家版本馆 CIP 数据核字第 2024DA3909 号

责任编辑　李　淼
封面设计　王秋忆

中国式现代化大家谈——多学科视野下的中国式现代化
ZHONGGUOSHI XIANDAIHUA DAJIATAN:
DUOXUEKE SHIYEXIA DE ZHONGGUOSHI XIANDAIHUA

出版发行	山东大学出版社
社　　址	山东省济南市山大南路 20 号
邮政编码	250100
发行热线	(0531)88363008
经　　销	新华书店
印　　刷	山东蓝海文化科技有限公司
规　　格	720 毫米×1000 毫米　1/16 13.5 印张　180 千字
版　　次	2024 年 12 月第 1 版
印　　次	2024 年 12 月第 1 次印刷
定　　价	62.00 元

序　言

“以中国式现代化全面推进强国建设、民族复兴伟业，是新时代新征程党和国家的中心任务，是新时代最大的政治。”党的十八大以来，习近平围绕建设什么样的社会主义现代化强国、怎样建设社会主义现代化强国的时代主题发表了一系列重要论述，提出了一系列具有原创性的新理念新思想新论断，以新时代社会主要矛盾分析为逻辑起点，以人的全面发展为根本目标，深刻阐明了中国式现代化的生成逻辑、历史方位、理论含义、实践要求、哲学意蕴和重要意义，使中国式现代化更加清晰、更加科学、更加可感可行。

为深入学习贯彻习近平总书记关于中国式现代化的重要论述，贯彻落实党的二十大精神，庆祝中华人民共和国成立75周年，山东大学人文社科研究院牵头组织举办“中国式现代化”专题系列学术讲座，邀请校内外专家学者在中心校区文学生活馆开讲，围绕中国式现代化，从政治、经济、管理、法学、马克思主义理论等不同学科领域开展学术交流与研讨，为建构中国自主的知识体系和全面建设社会主义现代化强国，以中国式现代化全面推进中华民族伟大复兴贡献山大智慧和力量。

“中国式现代化”专题系列学术讲座的主讲人及主题分别为：曹现强教授主讲“城市发展转型与治理现代化”，杨蕙馨教授主讲“先进制造业与现代服务业融合推动制造业高质量发展”，谢鹏程教授主讲“中国式法治现代化中的几个问题”，周长军教授主讲“中国式现代化视域下的腐败治理体制改革”，张蕴岭教授主讲“对现代化的思考”，林平教授主讲“竞争与创新——实现高质量发展的必经之路”，武常岐教授主讲“中国式现代化与‘一带一路’建设”，方雷教授主讲“中国式现代化的认知维度”，胡金焱教授主讲“中国经济改革发展的历史与现实逻辑”。“中国式现代化”专题学术讲座通过线上线下结合方式举行，约1200人到场聆听，线上3500余名听众参加，十余位同学通过“山大日记”等平台结合所听讲座话感悟、抒心声，在师生中引起强烈反响。此外，讲座也引起校外媒体平台及社会的广泛关注，中国社会科学网、中国网、大众日报客户端、山东电视台齐鲁频道和少儿频道，闪电新闻、山东教育电视台、速豹新闻网、新黄河客户端、新浪网等多家主流媒体推出系列讲座的采访报道，产生了良好的社会反响。

为及时总结“中国式现代化”专题系列学术讲座的学术成绩，扩大讲座的学术影响面，人文社科研究院对专家讲座实录内容进行了整理，现汇编成册正式出版，以飨读者。

目　录

可行路径，以求在构建国内大循环为主体、国内国际双循环相互促进的新发展格局下，提升中国制造业尤其是先进制造业的国际竞争力，从而实现中国制造业高质量发展。

聚焦法治的本质以及如何实现法治两个核心问题，从人类法治发展的三个阶段、法治的最低标准及其意义、现代法治的最低标准及其意义、以人民法治理念引领中国式法治现代化等四个方面展开讲解。法治最宝贵的品质是法律及其实施的确定性，这种确定性由国家权力的监督制约机制决定。法治的最低标准是法律具有确定性和法律实施具有普遍性。理解这一点，有助于传承和借鉴优秀传统法治文化，便于划清政治、政策和纪律的法治底线。现代法治的最低标准是民主政体和人权保障，中国式法治现代化实现的根本目标是实现人的自由全面发展，在这个过程中，要充分认识到我国实现法治的优势是坚持中国共产党的领导，坚持全过程人民民主。

党的十八大以来，通过整合反腐败力量，创设国家监察委员会，实行监察委员会与党的纪律检查机关合署办公的模式，执纪执法贯通，构建了集中统一和权威高效的中国特色腐败治理体制。新型腐败治理体制的推行，有助于实现依规治党与依法治国的有机统一、党内监督和国家监察的有机统一，解决了过去纪、法中间存在的犯罪有人管、违法无人问的问题，在运行实践中取得了突出的成效，对于中国式现代化的顺利进行起到了重要的保障作用。

欧洲开启的现代化进程导致的重大转变主要体现在两个方面：其一是生产方式，其二是社会制度。现代化进程体现在从传统经济向现代经济、传统社会向现代社会、传统政治向现代政治、传统文明向现代文明的综合性变化过程。欧洲引领的现代化进程体现两个突出的特点：一是欧洲主导，二是欧洲中心主义。传统的现代化造成全球危机、地球危机。我们处

城市发展转型与治理现代化

曹现强

曹现强，山东大学特聘教授、博士生导师，现任山东大学党委常委、副校长、青岛校区校长，兼任中国行政管理学会常务理事、教育部高等学校公共管理类教学指导委员会委员、山东省行政管理学会副会长等。长期专注于城市治理与公共政策、社会治理、公共服务供给等领域的教学与科研工作。近年来，主持国家社科重大项目“中国共产党城市治理理论与实践”和“中国基本公共服务供给侧改革与获得感提升研究”、国家社科项目“我国市政公用事业合作治理模式研究”等国家级、省部级以及横向课题60余项；出版《国家治理研究论纲》《合作治理：市政公用事业发展模式研究》《当代英国公共服务改革研究》等著作、教材10余部，于专业权威期刊上发表论文60余篇。荣获高等教育国家级教学成果一等奖、山东省高等教育教学成果特等奖、山东省社会科学优秀成果奖、山东大学“我心目中的好导师”等奖项。

各位老师，各位同学：

晚上好！非常高兴有机会和大家进行交流。“中国式现代化”专题讲座是人文社科院的系列讲座之一，能在这个平台上和大家进行交流，我感到很荣幸。讲座的主题是“中国式现代化”，众所周知，城市是政治、经济、社会、文化的中心，中国式的现代化离不开城市的现代化。基于我国城镇化率的考量，某种意义上来讲，城市现代化是中国式现代化最重要的组成部分，也是中国式现代化最重要的支撑，而中国式现代化的特色也集中体现在中国的城镇化以及城市发展的过程当中。所以今天便从城市发展、城市治理的角度，就“中国式现代化”在城市层面的体现与大家做交流。

中国式现代化的特色有五个方面：一是人口规模巨大的现代化，这在城市层面有着鲜明的体现。世界上最大的城市大多数都在中国，包括我们所处的济南，现在也已成为特大型城市。二是全体人民共同富裕的现代化，这是由我们的社会制度决定的。在城市里，我们也面临着如何消解城市贫困的问题。此外，还包括物质文明和精神文明相协调的现代化、人与自然和谐共生的现代化、走和平发展道路的现代化。这些特色要求对城市的高质量发展提供了重要指引，与此同时，中国式现代化的顺利推进更离不开城市高质量发展的有力支撑。

今天我和大家交流的题目是“城市发展转型与治理现代化”，这个题目源于一个基本的判断，即中国的城市发展已经进入转型发展的新阶段。所以我们要去探讨在中国城市发展的进程中，未来将向哪里转，如何能使这样的转型取得成功。由此，我想和大家分享三个方面的内容：第一，为什么说中国的城市进入了转型发展的阶段？如何理解和正确地看待其深层的背景？第二，城市发展转型的内涵是什么？如何把握城市发展转型的未来趋势？第三，如何通过治理的现代化使城市发展的转型取得成功？

一、城镇化与城市发展转型的背景

谈及中国的城市发展，需要记住的一个重要年份是2011年。在这一年里，我国的城镇化率达到了51.27%，也就是说有超过一半的人口居住在了城市。众所周知，我国是一个文明古国，同时也是一个有着悠久历史的乡村文明的古国，农村人口长期以来占据主导地位，但是在2011年，超过一半的人口居住在了城市。2023年度最新的城镇化率达到了66.16%，这意味着有2/3以上的人口居住在城市，我国的城市发展进入了新的阶段。如何看待中国这样一个高速城镇化的进程，很多人给出了不同的评价。比如说，有观点认为城镇化进程的加快意味着效率的提升，劳动力从农业生产转向工业生产和现代服务业，意味着生产效率在提升，对于推动经济发展有着巨大的作用，李克强总理提出的“城镇化是最大的内需”即从这个意义上立论。当然也有人从文化的角度进行分析，傅高义曾著有《邓小平时代》一书，其中讲邓小平的历史贡献时，谈到了在他推动下中国快速的城镇化进程对文化的影响，即快速的人口流动使文化的融合进一步得到强化。当然中国城镇化的影响不仅仅局限于国内，还有观点从国际视野给予了评价。例如，著名的经济学家、诺贝尔经济学奖获得者约瑟夫·斯蒂格利茨(Joseph E. Stiglitz)认为影响21世纪人类进程的有两件大事：一是以美国为首的新技术革命，二是中国的城镇化。

那么我们应如何看待城镇化？城镇化会带来怎样的一些变化和影响？应该说是多个层面的。首先，伴随着工业文明的发展，快速的城镇化带来了巨大的物质财富，使人们享受到了城镇化、工业化所带来的生活的富足。但同时，我们也认识到了城市发展中存在的一些问题，比如西方社会普遍存在的社会运动。近几年来，在很多西方国家都出现过这种社会冲突、社会运动，因为城市是人口高度集聚的区域，社会冲突的体现最为鲜明。再比如城市贫困，过去提及贫困大多是指农村贫困、边缘地区贫困，但实际上城市的贫困治理更加困难。

当然还有人们所熟悉的城市交通拥堵、环境污染等城市病。所以联合国秘书长助理恩道曾指出，城市化极有可能是无可比拟的未来光明前景之所在，也可能是前所未有的灾难之凶兆，未来会怎样就取决于我们当今的所作所为，能够得到什么结果完全取决于走什么样的城市发展之路。“城市，让我们的生活更美好”，这是亚里士多德在谈城市时所言，也是我们的期待。

那么如何看待我国城市的发展历程？我想从两个维度切入。首先是历史的维度。理解中国的城市发展，首先需要将其放置到历史的进程当中进行考察，通过比较分析来把握这种发展趋向。截至目前，全球已经经历了三次城市化浪潮：第一次是发端于欧洲，以英国为代表的城市化浪潮。人类的城市化进程有一个基本规律，即一个国家的城市化的进程一般而言是以城市化率达到20.00％作为起点，达到30.00％时便会加速，达到70.00％便意味着这个国家的城市化进程基本完成。

1750年，英国的城市化率为21.00％，随着推进过程中与工业革命形成合力，到1851年时，城市化率便达到51.00％。在1950年时超过77.90％，随后进入相对平缓的城市化阶段，城市化进程大约持续了200年（见图1）。

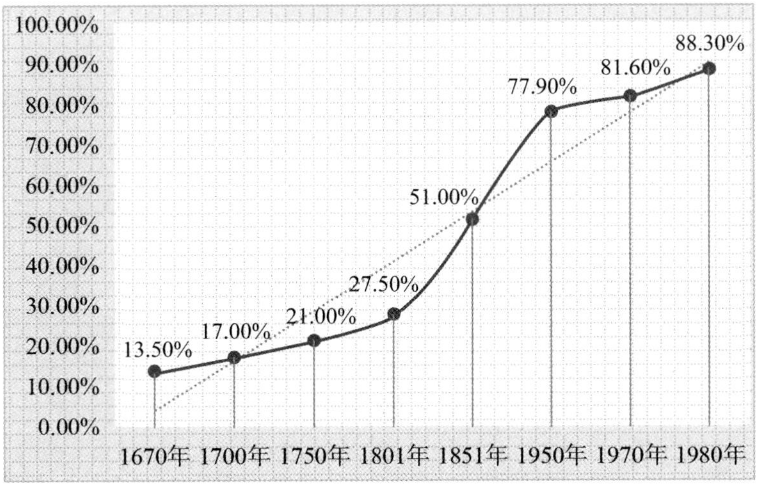

图1　英国城市化水平变化趋势

第二次主要是以美国为代表的北美洲的城市化。1860 年美国的城市化率为 19.80%，随后加速启动，1920 年达到了 51.20%，在 1950 年达到 70.90%，美国的城市化进程大约持续了 100 年（见图 2）。

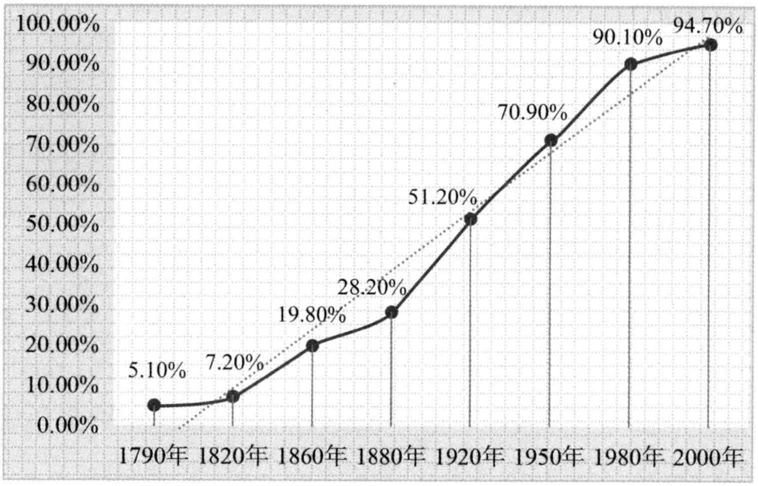

图 2 美国城市化水平变化趋势

第三次城市化浪潮发生在拉美和其他发展中国家。二战是这一浪潮发生的直接导火索，由于西方的殖民体系被摧毁，这些国家在获得民族独立的同时，也期望实现经济的独立，伴随着工业化的加速推进，加之这些国家没有户籍制度的限制，其城市化进程速度非常快，诸如巴西、阿根廷等国家，到 2000 年前后便基本完成了城市化进程，从 20 世纪 50 年代开始计算，城市化进程大约经历了50 年的时间（见图 3）。

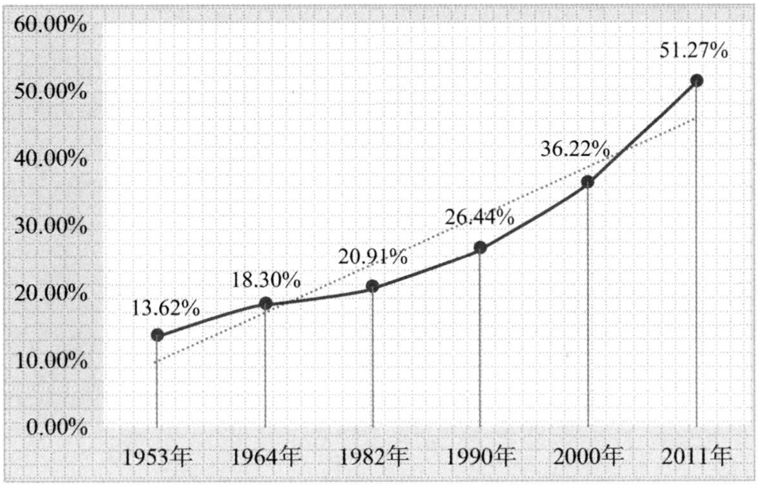

图 3　中国城镇化水平变化趋势

对于中国而言，城镇化进程则基本可以追溯至改革开放，在20世纪80年代初，我国的城镇化率约为20%，直至2023年达到66%，这个过程持续了40多年，应该说速度更快。其中有时代共性因素的作用，例如教育的普及，使得农村人口有了较高的文化水平，有能力在城市获得发展机会；机动化交通的发展，使人口流动的方式更加便利；此外还有信息化的推进，信息的跨地域性催生了人们对于更美好生活的向往。当然其中亦不乏我国自身的特殊性因素产生的影响，从而有着与其他国家所不同的独特属性。

一是资本积累和人口转移的方式存在不同。城市发展与工业化二者是相互促进的，铺路、修桥、建基础设施都需要庞大的原始资本作为支撑，西方国家的城市化曾依靠对外掠夺来获取资本支撑，例如英国大规模地推动城市化正处于鸦片战争时期，殖民体系便是掠夺的伴生物。而我国走的是和平发展之路，中国特色的现代化是和平崛起的现代化，靠的是自我奋斗。当然我们在城市发展过程中存在城乡关系的倾斜也是事实，一段时期内我们实行了城乡二元、农村支持城市的战略，从工农业产品的剪刀差，通过压低农产品的价格来获取工业发展的积累，到城市化快速推进过程当中，城市规模扩张所采用的土地政策，都对城市发展提供了重要的资本支撑。此外，人口转移的方式也存在不同。以英国为代表的欧洲的城市化中，跨国的人口流动超过 5000 万；北美洲的城市化中，跨国人口流动超过1 亿；而中国作为一个人口规模巨大的国家，城镇化的人口转移总体上是单向的，即从农村转向城市，没有规模庞大的跨国人口的转移。我国人口转移的方式、人口负担的消除方式是不一样的。

二是城镇化的成本不同。我国是低人均资源的国家，快速的大规模城镇化需要大量的资源支撑，这往往导致资源成本被拉高。同时在城市发展的过程中，城乡关系的冲突以及城市利益的分化也会带来相应社会治理成本的提升。

三是动力不同。前两次城市化具有工业化驱动的鲜明特征，但是如今讨论城市发展，除了考虑工业化以外，还需要考虑信息化、市场化、全球化等多元要素的影响。所以我国发展城市所面对的动力不一样，发展的路径也就不一样，总体更加复杂。

四是生态约束力梯次增强。英国的城市化基本不存在生态约束，在当时英国流行一个概念叫“蘑菇城”，用以表达城市发展的无序，如雨后的蘑菇随机产生。有的地方发现一个矿藏，或者适合建一个港口，然后就会有一座城市出现，很少去考虑环境承载能力的问题。然而，我国在推进城镇化时，生态问题日趋得到重视，生态约束力不断加强。1988 年，联合国在里约热内卢将“可持续发展”确定为人类发展的主题，国际社会日趋重视生态环境保护。同时，我国自身的发展理念和发展道路也要求人与自然的和谐，践行“绿水青山就是金山银山”。因此，生态约束力增强了，城市发展的路径就不一样了。

其次，从现实维度来看，中国的城市发展之所以要进行转型，也源于正在面临的一些问题和挑战需要克服。一是非均衡的城镇化，这包括区域分布的不均衡、工业化与城镇化的不匹配、城镇化与市民化的不匹配、土地的城镇化高于人口的城镇化等方面。譬如城镇化和市民化的不匹配，我们面临的挑战就很大。中国在统计城镇化率方面有一个公式，即城镇化率＝户籍人口/（户籍人口＋6 个月以上的常住人口），这意味着住在城市的居民并不都是市民，一大批农业转移人口不能与市民一样同等地享有所在城市的教育、医疗、养老等公共服务。按当前 66.16％的城镇化率计算，市民化率大约低 18 个百分点，农业转移人口市民化的任务非常艰巨。

二是城市的“增长机器”特征，引发城市空间过度扩张，更加突出生产性功能，而城市配套和服务功能欠缺。“增长机器”是西方政治学的一个概念，意指在城市发展的过程当中，城市空间本身便有增长的功能，用以解释为什么城市的主官们很愿意去扩张空间规模，因为有了空间就有了增长的条件。无论是城市的主政者，还是企业主体、市场的力量，由于在城市增长的目标上是一致的，所以城市的“增长机器”特征很容易引发城市形成“增长联盟”，大家都愿意以经济增长的名义去扩张城市的规模，也很容易基于增长的目的把城市的空间优先服务于生产性的功能去增加 GDP，而忽视其配套和服务功能，从而导致在城市发展中出现重地上轻地下，重经济轻社会、文化，重建设轻管理等现象。

三是突出效率导向的城市增长，引发诸多社会问题。例如居民权益不公平、公共服务不均衡、空间社会隔离以及环境污染等。这些社会的问题也需要我们尝试去解决和应对。

四是城市经济还存在着投资、出口、内需结构失衡，产业结构不合理，产品趋同现象严重，企业集群不突出，发展方式粗放等问题。后面会就这个方面与大家专门讨论，这里不赘述。

五是城乡融合一体发展面临着巨大挑战。城乡发展大体有四种模式：第一种是互相封闭式的发展模式，即城市发展城市的，农村发展农村的。第二种是城市优先发展模式，基于城乡的二元化，奉行城市偏向政策，优先发展城市。第三种是城乡同质化的发展模式，忽视城乡差别，脱离农村发展实际，寻求城乡发展的同质性。第四种是城乡差别化的协调发展模式。我是这种模式的赞同者，因为城市的可持续发展有赖于和谐的城乡关系。著名的规划大师霍华德曾提出，“城市和农村……孕育新的文明”。夫妻关系的核心是夫妻平等、优势互补，所以城乡差别化的协调发展模式强调城乡要素的平等交换，公共资源均衡配置，而且尊重差异、互补发展，方才是一种健康的城乡关系。

二、城市发展转型的内涵及基本趋向

（一）如何理解城市发展转型

城市发展转型问题已经成为当前多学科研究的理论前沿问题，成为学界、政界和新闻界高度关注的热点问题，也出现了许多关于城市转型的相关理论。对城市转型内涵的理解，曾存在不同观点：一种认为城市转型就是城市经济转型，尤其在改革开放时期，其强调城市经济应该从计划经济向市场经济转型，是一种经济转型的改变；另一种观点认为城市转型就是城市危机转型，特别是一些资源型城市在面临资源枯竭的情况下如何实现可持续发展的问题。还有观点认为城市发展转型指的是生产方式的调整和发展模式的变化，比如从粗放式的发展模式转向集约化的发展模式。但是我这里所讲的城市发展转型并不是传统意义上的转型，实际上，城市转型是一个综合概念，是城市发展进程及发展方向的重大变化，总体上是一个从数量的增长到质量的提升，从注重经济的发展到经济、社会、文化、生态协同发展的过程。

当前，实现城市发展转型有着现实时代背景的支撑和推动。

一是经济发展“新常态”是城市转型的新背景。我国经济发展进入了由高速增长转为中高速增长、经济结构不断转型升级，从要素驱动、投资驱动转向创新驱动的“新常态”,“正经历新旧动能转换的阵痛”。在这一时期,城市发展面临着更加纷繁复杂的经济环境、政治环境、社会环境与自然环境变化,而“新常态”则意味着城市的经济繁荣要与之相契合。

二是“新型城镇化”给城市发展带来新挑战。国家提出要走新型城镇化道路,就是要实现从数量城镇化到品质城镇化、从物的城镇化到人的城镇化、从开发优先的城镇化到生态优先的城镇化、从单一关注城市的城镇化到城乡融合的城镇化的转变。这要求人们重新思考城市发展中当下与未来、城市与人、城市与自然三大关系,以及如何实现城市全面协调可持续发展的问题。

三是“治理现代化”对城市发展提出新要求。城市治理是推进国家治理体系和治理能力现代化的重要内容,2019年习近平总书记在考察上海时提出“人民城市人民建,人民城市为人民”的重要理念,“人民城市”概念的出现意味着需重新审视城市多元治理主体之间的关系,需调动人民群众积极性,推动城市治理水平不断提高。

四是国内国际“双循环”新发展格局的现实压力。当前我们正处于“百年未有之大变局”,国际力量对比变化,大国博弈加剧,外部环境不确定因素增加,在这样一个国际经济秩序重塑的关键期、新一轮科技革命和产业变革由孕育发展向形成高潮的关键过渡期、我国跨过高收入门槛的关键期和改革攻坚的关键时期,需要以新发展理念构建城市发展新格局。

在此背景下,城市发展转型包括了两个方面:一个是发展模式的转型,一个是治理模式的转型。简单地说就是要以高水平治理来推动实现城市高质量发展,这也是中国式城市现代化的目标。

(二)城市转型的基本趋向——高质量发展

追求城市高质量发展主要包括以下几个维度的趋向。

在城市的价值目标层面,城市高质量发展强调要从物本到人本。

要把人的城镇化放在首位，注重城市身份的可获得性，在城市生活过程中公共服务的平等享有，以及城市文明秩序的构建，突出内涵式发展，建设人居家园。

在城市的空间景观层面，空间要从蔓延到紧凑，景观则要从雷同到特色。要防止城市发展陷入空间拓展蔓延（Urban Sprawl）逻辑，及由此导致的城市功能不够复合和紧凑的问题。要实现人造环境和自然环境的有机融合，体现出保持自然地理风貌特点基础上的匠心独运，独具特色，而不是物质财富雷同的炫耀和自大。所以理想的城市应该是生长式，是萌发、生长出来的，是有故事的，而后才能体现城市特色。

在城市的经济发展层面，应该从高消耗、粗放经济向内涵式、高质量经济转型。转型后的城市经济应当深深植根于市场经济并嵌入城市提供的资源条件之中，充满发展的活力、潜力和竞争力。

在城市的社会发展层面，应从排斥到共生、从隔离到流动。城市作为人口聚集区，更应该考虑人际关系的和谐，多元阶层之间的混合共生，通过健全有效的制度，防止社会隔离与排斥，以及遏制强势阶层和利益集团的“通吃”现象，维护社会的公平和正义、和谐和稳定。

在城市的文化层面，要从单一到多元。满足人们物质增长后精神层面的新需求，实现从有形城市到功能城市再到文化城市的转变，形成多元包容的城市文化，促进多元文化的碰撞交流，为城市创新提供土壤和源泉，有文化的城市才是有灵魂的。

在城市的生态方面，要从灰色到绿色，从弱可持续到强可持续。在生态总量约束下的循环经济基础之上，着力创造“天更蓝、水更清、气更净、地更绿、居更佳”的美丽城市。

在城市的管理层面，要实现从管制到治理。城市管理者需在城市多元价值、多元利益、多元冲突之中成为公共利益的主导者、守护者和增进者。在动员多元主体回应社会公众需求方面承担责任，同时在培育公共精神、采取前瞻性的管理引导和平衡公众需求方面积极发挥作用。

基于这样的思考，我认为理想的城市应该是空间格局紧凑复合、经济产业高效低碳、生态环境优美怡人、社会关系和谐共生、文化发展多元包容、城市管理规范到位、总体感觉生活美好的城市。

三、城市高质量发展与治理创新

下面我想就推动城市发展转型，实现高质量发展的相关路径谈几点看法。

（一）以结构优化、产业创新推动城市转型

第一，高质量的城市、转型成功的城市一定要有繁荣的经济，在当下更加需要关注结构的优化、产业的创新和产城的融合。一方面，结构决定着资源的配置，调整结构应成为城市经济转型的着力点。这既包括城市中产业结构的调整，如第二产业与第三产业的关系，如何使之相互促进，也包括产品结构、能源结构调整等方面的问题。结构意味着竞争力，对一个人而言，得有肌肉，体质均衡，才有活力，城市也是这样。

在产业层面主要想讲两个问题，第一个要注重产业集群的培育并处理好产业园区和城区的关系。众所周知，城市以园区作为载体来推动经济发展是至关重要的，但是有些城市在发展园区的时候忽视产业的关联性，从而使得产业链不够长和丰富，不易形成企业集群，从而影响主导产业的稳定性。习惯于突出园区的经济功能而忽视园区和城区的融合，容易导致职住分离等问题。第二个要注意产业创新与城市之间互动的关系。如就发展文化创意产业而言，美国学者调查发现创意群体喜欢居住的地方，音乐、艺术、室外体育活动频繁，有自行车专用路线和大片的城市绿地，咖啡店、各国风味的餐馆随处可见。其喜欢的空间形态往往表现为小街区、密路网、窄断

面、大量的街道和广场等尺度宜人的公共空间，围绕这些空间的是各种服务设施。他们喜欢新城市主义所推崇的城市形象，喜欢能够促进交流的公共空间和设施，所希望的城市设施是密布在周边的，能随时享用的。在这种环境下的文化创意产业发展才能如火如荼。再如健康产业，现已成为21世纪引导全球经济发展和社会进步的重要产业，而其在我国当前的占比仅为4%—5%。我国几乎具备驱动健康产业发展的一切因素，包括庞大的人口基数、经济稳定增长、居民收入与消费水平提高、人口老龄化、居民保健意识提高等，未来发展前景广阔，但发展此产业并非建设少数医疗城、医疗中心即可，它还需要分布在城市生活区域周边、为解决居民亚健康所服务的大量服务场所与设施，这都需要在城市规划、建设、管理中予以考虑和保障。

（二）科学布局城市空间，凸显空间正义

一是科学布局城镇体系，推进城乡融合发展，以城市群、都市圈为依托，构建大中小城市协调发展格局。二是正确处理生产空间、生活空间和生态空间的关系，倡导混合布局。三是集约节约用地，遏制城市蔓延，贯彻“紧凑城市”理念，“框定总量、限定容量、盘活存量、做优增量、提高质量”，优化土地利用，引导产业集聚，控制城市无序扩张，促进可持续发展。四是坚持空间正义。城市空间并不是没有生命力的死寂的容器，实际上任何空间都是社会空间，空间的变更会带来社会关系的重构，社会关系的重构也会带来空间的变化。从社会空间的角度看，空间是有价值属性的。因此城市发展应观照以人为核心的空间价值——空间正义，破除公共服务空间分布不均衡、公共空间缺失、空间隔离等不正义现象。在城市规划和政策制定中，充分考虑不同社会群体的需求，尤其是弱势群体的声音和利益。通过消除空间上的不平等，促进社会的包容性发展，推动实现社会公正。

（三）以人为本，建设生活导向的城市

城市发展的目的是让生活更美好，而生活的美好实际上有赖于城市的包容性、多样性和安全便利性。我非常推崇雅各布斯（Jane Jacobs）的一句话，“城市是最大的共有体，包容是城市的可用资源之一，并且有可能是最大的一个”。城市一定要包容，因为包容才有多样性，这与生态系统类似，生物多样性越丰富，系统越稳定。那么城市如何提高多样性？需要关注几个问题：一是区域功能的单一与多元，区域功能越复合、多元，越充满活力，大家互相守望进而也会越安全。二是空间尺度问题。如街道的大小尺度的选择，就会导致方便行人还是机动车的不同效果。过大的空间尺度反而不宜生发多样性的活动。像巴西的首都巴西利亚，它是一座按照现代功能分区理论设计的城市，整个城市形同一只雄鹰，鹰头所在是政府部门，鹰背两边分区规划了住宅区、商业区、工业区等。城市区域功能的单一加上街道空间尺度过大，深深影响了人们的多元出行及生活方式，制约了城市活力。

当然还有建筑的统一性和用途管制的问题。不同的建筑具有不同的经济效用，风格越统一、管制越严格就越不容易生发多样性。所以城市必须充分重视不同的城市空间特色，赋予其不同的功能。此外，城市文化也要多元与包容。当今，城市的竞争力突出表现在宜居及其吸引人才的能力等方面，城市的独特宜人风貌、社会安定、服务功能的高品质已成为人才迁居的首选因素。建设生活导向的宜居城市，拥有多样和包容的文化，才能留住人才，提高竞争力。宜居城市的建设，要基于人民的需求去设计配套服务，并注重社区建设，注重基于居民的生活圈的打造，例如 15 分钟生活圈等。约翰·弗里德曼（John Friedmann）曾言，“宜居应从有归属感的社区起步”。

（四）从单一城市发展到城市与区域协同发展

一是要加强区域的协同，注重城市群的发展。在全球化背景下，区域一体化不断加强，为城市转型发展提供了一个新的视角。所以当今谈论城市发展，不能仅仅局限于考虑城市自身发展的问题，还要置于区域协同一体化的维度和视角下，把城市发展和城市群的发展相融合，才能够获得更大的发展机会。

重视城市群的发展，城市的产业、功能的辐射力应成为关注的重点。例如，日本神户城市群，实际上是一个城市的团组，团组中的每一个城市都有着适度的城市空间，产业能够互补，基础设施能够多重互联，防灾信息能够共享，生态环保能够共建，资源能够共同利用，生态修复能够共同努力。所以多团组、互补发展型的城镇群应为题中之义，即围绕一个大城市或者一个核心城市，通过快速的、大容量的公共交通相连接，与卫星城之间呈协同发展的空间布局，可能会是未来的一大趋势。这一方面消解城市的部分功能，另一方面使得城市有一个适度的尺度。

（五）突出生态文明，建设美丽城市

人类文明至今经历了三大阶段，即农业文明、工业文明、生态文明。生态文明是人类对传统文明形态特别是工业文明形态进行反思、超越的成果，是人类文明形态的新飞跃。在不同的文明时代，对城市的要求是不一致的。在农业文明时代，战乱频仍，“安全”是头等大事，好的城防是一个好城市的重要标准。在中世纪，维也纳城堡以其坚不可摧的防御著称，因而从来没有被攻陷过，最后发展成欧洲的重要城市。

在工业文明时代，“效率”是第一要务，像机器一样高效运转的城市是理想中的好城市。而在生态文明时代，文化和生态成为关注的焦点。城市与自然界最大的差别是前者降解功能过弱、生产和消费功能过强，因而城市对周边环境的冲击极大。要把生态文明的理念和原则全面融入城市发展，实现“集约、智能、绿色、低碳”。

基于生态文明的城市治理应该更多关注两个领域：一个是水生态治理。水赋予城市灵气，但是我国70％流经城镇的江河经常断流，很多城镇水系是劣五类水体，完全丧失了水生态的功能。水生态的治理，要突出建设内容的系统性，从单项治理向水生态的整体修复优化转变；从重末端治理向侧重于源头治理转变；要凸显公共性，突出人文性，从简单地对洪水截排向与水和谐相处转变；要强化水循环利用，突出其生态价值。另一个是交通治理。现在的城市污染很大程度集中在机动车上，这既是生态治理的需要，也是治理城市病的关键。而城市的交通治理主要有两个导向：一是供给导向，二是需求导向。过去我们更多在供给侧来改革，由此产生了机动化时代的悖论：一是"让城市适应汽车"会导致锁定效应，二是依靠拓宽道路来解决会遭遇"当斯定律"。现在大家越来越多地转向在需求侧来考虑问题。大家知道，城市交通涉及三个方面的问题：交通源、交通空间以及交通方式。从需求端发力解决城市的交通问题、污染问题，关键是如何把交通源降下来。另外，还要合理地分配交通空间。目前很多城市的交通空间分配更多呈现一种机动车导向，而不是公共交通工具的优先配置。但是实践证明，一个城市特别是大型城市不靠公共交通则难以解决交通拥挤问题，当然也很难解决环境污染问题。因此应当转变机动车导向的城市交通战略，以"TOD（Transit，Oriented，Development）"引领城市发展，倡导"BBMW（Bicycle，Bus，Metro，Walk）"的绿色出行方式。

（六）以公共治理创新，推动城市高质量发展

要注重治理的创新，建设人民满意的城市。城市的高质量发展建立于高水平的治理之上，城市发展的转型需要治理的转型予以支撑，需要不断地创新公共治理。一是要从"城市善政"向"城市善治"转变，要强化人民的主体地位，更多关注城市中多元利益主体的作用范围，城市绝不是简单的自上而下管控式治理，需要在多元主体共同参与、协商共治、合作共赢的前提下，从单一主体管控向多元参与和合作治理转变。在城市政府的作用选择上，应该正确处理政府与市场的关系。需要发挥市场在资源配置中的决定性作用，肯定市场在

经济发展中的重要角色，在此基础上去思考如何更好地发挥政府作用。城市政府不应该是增长的机器，而应该是服务型政府。二是要落实“以人民为中心”，实施“精细化管理”。习近平总书记指出，“城市管理应该像绣花一样精细”。要对接群众需求实施服务供给侧改革，为群众提供精细的城市管理和公共服务，使城市运行更安全、更有序、更干净，让人民群众在城市生活得更方便、更舒心、更美好。城市是经济、社会、政治、文化的中心，但是这种中心地位也是在一件一件为老百姓做的具体事件当中去累积形成的。三是要适应信息化时代和新科技革命的要求，实现“智慧治理”。当前已经迎来第四次科技革命，信息技术快速发展，智能化、智慧化迭代不断加速，在这样的背景下，城市的治理也必须走智慧治理之道，要通过大数据、人工智能的引入，赋能一系列的管理行为，使城市的运行更高效、更智慧。四是要适应开放、融合的时代特点，突出“包容性治理”，强调城市的发展要“以人为本”、均衡发展，强调共享前提下对多元化、异质性的包容。所以未来的城市治理应该以包容性的理念来指导其治理机制、治理程序以及治理内容，从而使城市的发展成果得到公平性的分享，所有人得到普惠性的实惠。

以上是我对于城市发展转型以及如何实现高质量发展的一点体会，谢谢大家！

[提问]：曹校长您好，我是市中区教育局教科研究室的负责人，2011 年，您发表在《城市发展研究》上的空间正义文章启发我思考作为现在基础教育的普遍性行为的集团化办学是否从空间正义的视角上存在矫正的可能性，所以我也做了一些研究，想简短地请您指教一下。

第一，集团化办学作为国家主推的解决社会公平正义、教育公平正义的一条主要路径，现在出现一个问题，即我们给高端楼盘配的学

校是好学校，但是空间的逐利性在加剧，会不会反而引发不公平正义的情况，能否用一种更为公共性、公益性的视角去看待和矫正集团办学的问题？

第二，对于部分地方来说，原来的学校办得不好，通过引入一个名校试图改善之前的情况，实际上这也是外源性影响，效果很难保障，那么在解决的过程中，如何处理与内源性的关系，如何尊重学校自身发展的路线？

［曹现强］：首先说你能提出这个问题让我感到有些许意义。实际上空间正义体现很重要的一个维度就是在公共服务供给方面，也就是说需要在空间布局层面去实现均衡供给，这是一个基本原则。这些年大家也能发现一个现象，即基础教育和楼盘之间形成了一种互动，越是好的楼盘越有好的教育，越是好的教育也越吸引好的楼盘。但市场的力量总是逐利的，基础教育毫无疑问是公共性最强的，按照公共管理的一般逻辑，公共性越强的公共服务越应该由政府来供给。所以，在解决基础教育的均衡性问题上，我觉得政府还应该承担起更多的主导责任，应该考虑如何通过加强监管、强化对弱势群体或者边远地区基础教育的公共服务供给来实现这种均衡性。

我想这个问题包含两个层面：一个是如何来看待政府供给和集团供给、市场化供给之间的作用发挥问题，二是基础教育集团自身内部供给的价值取向选择问题。因为基础教育集团作为一种市场化的主体，又不完全等同于纯竞争性的市场组织，所以很多国家把供给的权利授予一些非营利机构，实际上也是想发挥非营利机构的非营利性特征，从而去弱化它的市场行为。个人而言，在城市的基础教育供给层面上，我更倾向于政府主导的供给、市场供给和社会供给协同开展。当然我也提倡基础教育集团面向的是孩子的成长，而不是面向更多的盈利，所以在政府监管的同时，基础教育的这些从业者们也应该更多地强化这种公益属性，更多承担一些社会责任。

[提问]:曹校长您好,今天听了您的讲座我也深受启发,也联想到我从事的专业和您所谈及的城市空间问题。人类学的老师曾经说过,目前年轻人是处于非常原子化的状态,如北漂。人漂浮于城市生活中,对于具体的生活没有一种"实感",所以老师提出一个"空间正义"的理念,就是要求年轻人去重建与周围环境的互动,在真实生活中进行社交,强调人的主动性和能动性。想请问您如何看待我们城市的空间营造或者是一些新的概念,比如社区营造、公园城市建设等对于"空间正义",特别是对于年轻人的能动性以及城市转型的作用,谢谢您!

[曹现强]:这个问题我也觉得特别好。实际上现代城市之所以经常被诟病,是因为在这样一个场域里大家彼此之间感受更多的是竞争压力,这也是大家讲的为什么感觉到特别"卷"。"卷"本身就是一种竞争,在这种"卷"的竞争之下,个体便会越来越原子化,所以您的这个概念我觉得用得非常准确。当然在一个城市中,社会经济发展的发动机需要强有力的竞争机制,这是没有问题的,但是竞争不等于原子化,竞争不等于不需要良好的社区关系,这二者并不冲突。现在我们可能在如何保持城市发展的旺盛生命力、竞争力的同时,在社区营造、公共空间营造等方面确实关注不多,这也是我刚才讲空间的非正义性时,特别提出来加以反对的。

当前,我们有很多公共空间被生产性的功能所占据,实际上就使我们失去了很多交往的可能性。而人与人之间关系的密切是在交往当中去形成的,没有交往就没有理解,没有理解当然也谈不上亲密。所以我认为在城市发展的过程中,应该越来越去强化这种公共空间,使得各类群体,特别是青年人,能有更多玩的场所、跳的场所、唱的场所。在这些交流的空间中大家相互交融、相互沟通、相互理解,从而不断推动和谐城市、包容城市的建设。

先进制造业与现代服务业融合推动制造业高质量发展

杨蕙馨

杨蕙馨，博士，特聘教授、二级教授，山东大学产业组织与企业组织研究所所长。国家社会科学基金重大项目首席专家，国家社科基金学科规划评审组专家，国家出版基金评审专家。享受国务院政府特殊津贴专家，教育部“第五届高校青年教师奖”人选，文化名家暨“四个一批”人才，国家“万人计划”哲学社会科学领军人才，山东省政府泰山学者特聘教授，教育部“创新团队发展计划”首席专家，全国五一巾帼标兵，山东省社会科学突出贡献奖获得者。中国工业经济学会副理事长，山东省比较管理研究会会长，中国市场经济研究会常务理事。主要研究方向是产业组织与企业组织、战略与企业成长的交叉研究。先后获得孙冶方经济科学奖，教育部高校人文社会科学研究优秀成果一等奖1项（合作）、二等奖3项和三等奖1项，山东省社会科学重大成果奖1项、一等奖3项，研究成果《经济全球化条件下产业组织研究》入选国家哲学社会科学成果文库。

非常荣幸能在这里与大家分享近些年从事的研究，我演讲的题目是“先进制造业与现代服务业融合推动制造业高质量发展”。好多官方文件也简称为“两业”融合，就是先进制造业与现代服务业融合推动制造业高质量发展。

一、中国式现代化进程中的制造业高质量发展

先说一下提出这个问题的背景。大家知道党的十九大报告明确提出中国经济发展已经进入了高质量发展阶段，在党的二十大报告当中，又明确地提出了要贯彻新发展理念，着力推进高质量发展。现在中国正在实现中国式现代化的征程上，中国式现代化的本质要求就是坚持中国共产党的领导，坚持中国特色社会主义。

中国式现代化的本质要求，在经济社会方面，就是实现高质量发展。在经济领域当中实现高质量发展恐怕不能不谈制造业，或者说，从某种意义上来讲，制造业的高质量发展是我们整个经济社会高质量发展的核心内容之一。大家知道，经过四十几年的改革开放，中国基本上完成了工业化的任务。现在是后工业化时代，我们虽已成为一个制造业大国，但还不是制造业强国。

如果要实现中国式现代化，我们的制造业必须由大国转向强国。通常我们也会说由中国制造转向中国智造，也正是因为这样，我这些年一直在从事制造业及制造业企业方面的研究。可能管理学院的好多同学会问：“你为什么研究制造业？”有一点大家非常清楚，我们管理学的理论，尤其是大家学的管理学原理实际主要是依托制造业的一些实践发展起来的。最明显的就是一说管理学的鼻祖，大家公认是泰勒，泰勒研究的就是制造业领域当中的运营管理和动作管理。

今天，对于中国来讲，作为一个制造业大国，中国是世界上唯一一个拥有最齐全制造业门类的国家。如果大家了解的话，联合国有一个国民经济活动分类标准，中国作为联合国的成员国，这个标准里

的所有产业我们都有。改革开放40多年，概括地讲，中国的制造业从小到大，从少到多，从内到外，今天已经有一个门类非常齐全的现代化制造业产业体系，上千种的产品总产量居世界第一。例如，近十几年我们发展起来的电动汽车，叫作EV产业(Electric Vehicle Industry)。大家知道，今天中国的电动汽车大概占世界总产量的60%，这是中国制造业领域当中的一个奇迹，另外一个就是大家日常生活当中都会接触的高铁。这些代表了中国制造业的成就。另外，就是我们的制造业的创新能力也大幅增强，新业态新模式不断涌现，这些我就不再一一地细说。同时，我们得看到另一面。刚刚说了中国是制造业大国，在某些方面、某些领域当中我们成绩非常突出，但是也面临着一些问题。

我们面临的问题，整体上来讲，在好多关键的领域、关键的零部件方面，用这些年比较流行的话语说，就是存在"卡脖子""断链"或者是"痛点"等等，用我们的学术语言说，就是我们制造业的产品同质化比较严重，在某些产业产能过剩，在全球价值链上处于中低端位置。如果用微笑曲线来形容价值链的话，我国的制造业大概处在底部。微笑曲线的左侧是研发设计，右侧是品牌、渠道等，这些是我们比较薄弱的环节。另外，大家可能感受到了这一两年外部环境冲击非常严重，我们刚刚经历了疫情冲击，也正是因为疫情对各个国家的冲击，从全球范围来讲贸易保护主义、单边主义开始盛行，再加上这一两年的地缘冲突、局部战争等等，使得我们国家制造业的发展遇到了一些新的问题。

二、先进制造业和现代服务业融合与制造业高质量发展

这些年，我们国家从党中央到相关部委、省市自治区都出台实施了许多关于推动制造业高质量发展的举措，党的十九大报告、二十大报告和每一年的中央经济工作会议，一直注重要加快实现制造大国

向制造强国的转变。从2018年开始，每一年的政府工作报告都一再地强调要推动制造业高质量发展，强调要推动先进制造业和现代服务业融合。

2023年9月，习近平总书记在黑龙江考察的时候提出了加快形成新质生产力。目前，我们的学者和政府工作部门，从实际经济工作和学术研究的角度，对新质生产力做了非常多的阐释。这个我就不多说，有一点可能是我们的政府和实际经济部门、学术界大概形成的共识，也就是新质生产力的特点是创新，关键在质优。高质量发展的本质就是生产力的提高。如果说新质生产力放在我们现实的经济工作当中恐怕还是体现在结构转型，体现在制造业的产业转型和产业结构的优化。这些年，大家都感受到了，社会各界都在讨论和实施数字化转型，数字化转型实际上就是产业结构转型和升级的一个表现。不仅仅是我们的经济数字化转型，包括我们的教育，如高等教育数字化转型的步伐，尤其是经历了三年疫情，数字化转型的步伐加快了。如果说在疫情之前，好多的企业，尤其是好多的中小企业都在纠结要不要转，疫情三年使他们深刻认识和感受到这不是"要不要转"的问题，而是如何转、如何转得更快一些的问题。关于新质生产力，我不想展开来阐述，我也是在不断学习和领会的过程中。但是有一点，我在这里之所以提到这个问题，我在想制造业的高质量发展、先进制造业和现代服务业的融合实际上也是形成新质生产力、加快新质生产力提升的重要工作内容，或者说是一个必须做好的工作。

2024年的政府工作报告谈到2024年政府工作的时候，第一项任务实际上就是说大力推进现代化产业体系建设，加快发展新质生产力。大家知道，现代化产业体系是我们实现中国式现代化的重要内容。在现代化产业体系当中，制造业应该是一个重要组成部分，制造业的现代化是我们必须做好的重中之重的工作。我们中国是一个人口大国，直到今天，东、中、西部经济发展的水平还存在比较大的差距，在这样的情况下，我们不可能像20世纪70年代或80年代的美国那样，将一些工业都转移出去，我们中国恐怕无法做。因为我们是人口大国，到目前为止我们的一些低技能的劳动力人口数量还相当大，这一部分人的就业好多是靠制造业中的中小企业和一些中小服务业企业创造的机会。这些年与制造业高质量发展密切相关的一个短语叫“打造专精特新中小企业”，或者叫“中小企业专精特新发展”，我们学管理学的都知道。实际上专、精、特、新是指四类企业，“专”是专业化，“精”是精细化，“特”是特色，“新”肯定是新颖化和创新；但是，今天我们更习惯把它当作一个词，也就是中小企业专精特新发展或者叫作专精特新中小企业。总的意思是，中小企业的成长发展要有自己的特色，有能够在市场上站住脚的竞争优势或者竞争力。这些都是我们实现高质量发展必须做好的。大家可能了解，在任何一个国家，如果谈到企业的数量，假定这个国家的企业有1000万家的话，基本上中小企业是占到90%或者更多，而大企业的数量是比较少的，我们国家也是这种情况。如果说从企业数量来看，这些年我们国家的中小企业大概占到了95%。

通过上面的背景分析，我们应该很清楚怎样做到制造业的高质量发展。恐怕我们要顺应现代产业发展的一个重要的趋势和特征就是产业融合，我们今天讲的先进制造业和现代服务业融合实际上就是产业融合。我在这里给大家解释一下“产业融合”，这个概念简单地说就是每一个产业都有自己的边界，不同产业的边界逐渐地模糊、消失，形成一个新的产业，或者说某一个产业消失了，融入另外一个产业中，这就是产业融合。我给大家举一个简单的例子。今天“90后”年轻人使用电脑，你们都没有见过最早的电脑的存储设备吧？也没有见过以前使用的录像带吧？20世纪70年代末，我上大学练英语听力就是使用那种录音机和磁的录音带。作为一种存储介质，今天都没有了。今天被什么代替了呢？被我们嵌入到计算机里头的硬盘或者是移动存储或者是云上存储。这就是一个产业融合的例子。一个原有产业消失了，一个新的产业诞生了。如果说等哪一天我们的家用汽车，原有的机械动力的汽车消失了，都被电车取代了，那这也是一种产业融合。产业融合自古至今实际上一直都存在，但是，这些年伴随着信息技术、移动通信技术的发展，产业融合的特征和趋势或者说速度可能更快了，更明显了。所以，正是因为这样，我们才提出先进制造业和现代服务业深度融合推动制造业高质量发展。

在这里我再给大家简单解释一下什么是“先进制造业”。“先进制造业”有狭义和广义之分。狭义的“先进制造业”就是指高端制造、智能制造，像我们常说的现代芯片、各种现代通信设备的制造。还有智能机床、智能处理机等，这些肯定都属于先进制造业。这里的“先进”是一个相对的概念。在不同的时代，“先进”的含义是不一样的。像第一次工业革命的时候，蒸汽机是作为一个动力源替代人和马，那时候蒸汽机是先进技术，属于先进制造业，而今天你可能觉得它是落后的、传统的，不属于“先进制造业”。

现在多数人理解的先进制造业可能不仅仅是狭义的先进制造业。我们用现代的信息技术、智能技术对于一些传统的产业加以改造之后，这些产业也属于先进制造业。就像我们今天穿的衣服，都是买成衣，成衣加工制造是一个传统产业，因为已经存在好久好久了。但是，大家想没想过今天穿的衣服和 20 多年前或者 30 多年前是不一样的。我记得以前我们买的成衣的扣子是比较容易脱落的，买回来之后还要自己加固加固，而今天基本上都不会脱落了。今天买的自行车、电瓶车上面的螺丝帽也都不会松动了，以前自行车的螺丝可能随时都要掉下来，过一阵就要调试调试、加固加固。大家想想，这也是用现代技术改造过的产业。还有大家今天穿的鞋，尤其是休闲鞋、运动鞋，鞋底的弹力非常好，这都是运用了先进的材料和工艺，应该归到先进制造业行列。

现代服务业的含义与先进制造业的含义有点类似。狭义上来讲，像现代信息技术服务、通信技术服务、移动通信技术服务等等，都是现代服务业。再譬如，像互联网金融也是现代服务业。如果说我们用现代的技术对传统服务业进行了改造提升，这就属于广义的现代服务业了。理解了这两个概念，就能够在实际工作当中体会和把握某处说的是狭义的还是广义的了。

说到这里，再简单介绍一下近年提出的“未来产业”。就目前来讲，我接触到的一些企业和一些经济工作部门，尤其是地方政府管理经济工作的市长或者是省级相关部门的一些领导，他们可能更多关注制造业领域中的一些未来产业。当然，我们也不能否认，服务业中也有一些未来产业。这就类似于以前我们认为买个手机就是用来通电话的，而今天大家可能就不再这么简单地来要求手机了，尤其是智能手机，可能通话仅仅是我们要求的功能的1%，甚至1‰，而手机能够提供给我们的用途要远远比通信更广泛。“未来产业”有一些是今天已经存在的产业，这就类似于刚才讲到的汽车制造。以前我们说的是烧油的汽车，要有发动机的汽车，这个汽车存在了上百年，它未来可能还会存在下去；但是，未来的汽车制造恐怕和今天会有很大的变化，也就是说，应该把汽车产业理解成一个“未来产业”。再譬如生命科学、生物制药等等更是这样。而另外一层含义的“未来产业”可能是今天你不知道是什么，我也不知道是什么，说不定哪一天就初露端倪，就看我们能不能抓住这个先机尽快地布局。

三、先进制造业与现代服务业融合的业态模式

说到“两业”融合，我们来看一下。可能今天有好多同学认为这是一个新的话题，实际上并不尽然。我们国家的政府工作部门应该说是早有筹划。先看第一项，2016 年工信部、发改委、中国工程院发

布的一个文件《发展服务型制造专项行动指南》，这个文件给大家提出了一个概念叫作“服务型制造”。服务型制造就是我们说的先进制造业和现代服务业的融合，在工信部的相关文件中叫作服务型制造。在工程院或者在发改委，或者是在财政部、教育部的相关文件中，更习惯于叫作先进制造业和现代服务业融合。2016 年发布《发展服务型制造专项行动指南》是为了配合贯彻我们国家的“中国制造 2025”。我们来简单地看一下《发展服务型制造专项行动指南》里的行动内容，主要包括：设计服务提升行动（推动创新设计发展、推广定制化服务）、制造效能提升行动（优化供应链管理、推动网络化协同制造服务、支持服务外包发展）、客户价值提升行动（实施产品全生命周期管理、提供系统解决方案、创新信息增值服务）、服务模式创新行动（有序发展相关金融服务、把握智能服务新趋势）。我刚才说了，如果我们使用 U 形曲线，也就是微笑曲线来做一个整体的判断的话，我们中国的制造业大多数的产业是处在 U 形曲线的底端，我们要向 U 形曲线的两端攀升。

首先我们要设计服务提升，就是创新、设计、发展定制化服务等等；然后是制造效能的提升，大家现在和未来不能放弃制造加工环节，我们也要提高效能，像我们现在进行的优化供应链管理、网络化协同制造、服务外包等等；再就是客户价值提升，用管理学的话说，客户价值提升实际上就是以销定产。以前叫“以销定产”，今天再说“以销定产”似乎有点落伍了，我们现在不这么说了，叫“客户价值提升”，实际上说的可能还是那回事儿，全生命周期管理、系统解决方案、创新信息增值服务等等。还有就是服务模式的创新。我们说服务型制造，制造和服务融合，必须有服务模式的创新，有序地发展相关金融服务，把握智能服务的新趋势。因为从制造业企业来讲，提供服务这也是早就有的，像我们各位可能早就感受到的。我买个家具给我送到家去，给我安装上；我买个空调给我装上去，给我调试好：这都是制造+服务。这个服务很简单，通常我们把它叫作售后服务，而今天依然还有售后服务。但是今天的售后服务比原先给你送到家，给你装上，给你调试好，要好得多，我们说是全生命周期的服务。像我们现在的家电就叫智慧+，如果说大家用过小米的各种东西的话，这就是非常简单的。像你买个汽车，现在都有信息系统，我在手机上装一个应用软件(App)就可以操作我的车。经销商或者生产商不断地提醒你做这做那，或者说哪天我操作不对的时候会及时地提醒我。大家想这也是售后服务，但是，今天的这种售后服务、这种服务创新就比以前简单的售后服务要好得多。

我们再看第二项。第二项就是国家发改委在2019年联合15个中央部委印发的一个文件《关于推动先进制造业和现代服务业深度融合发展的实施意见》，这个文件中不叫“服务型制造”，以工信部为主推动的都叫“服务型制造”，因为工信部有一个服务型制造研究院，我还是那个研究院的外部专家。《关于推动先进制造业和现代服务业深度融合发展的实施意见》梳理了10种发展潜力大、前景好的新业态、新模式，提出了10种重点行业、重点领域“两业”融合发展的可能路径。大家可以简单地看一下，这是我们培育10种“两业”融合发展的新业态、新模式。第一个就是智能工厂，第二个是工业互联网创新应用，第三个是柔性化定制，第四个是发展共享生产平台，第五个是提升总集成总承包水平，第六个是加强全生命周期管理，第七个是优化供应链管理，第八个是发展服务衍生制造。服务衍生制造怎么理解呢？如果说我是一个创业者，我利用互联网平台进行创业，这就类似于滴滴、类似于京东，大家想滴滴、京东就是提供服务的，但是，滴滴、京东平台上的用户服务多了以后，就可以衍生到制造环节。例如，用户在京东上面下单，有人给生产定制的电器产品或者家具，甚至汽车、服装等，也就是最早只做服务的一个企业，可以利用拥有的平台和信息数据衍生到制造环节。第九个是发展工业文化旅游。工业文化旅游好理解，我们的一些传统的工业基地，像现在大庆、鞍钢等等这些老的工业基地都在发展工业文化旅游。第十个是培育其他新业态新模式。其他的新业态新模式在这个文件发布的时候可能大家还没有总结出来，或者说还不是特别明确。

我们看一下《关于推动先进制造业和现代服务业深度融合发展的实施意见》提出来的探索重点行业重点领域融合发展的10种新路径。我自己感觉这10个路径还是比较全面的。依次为：加快原材料工业和服务业融合步伐、推动消费品工业和服务业深度融合、提升装备制造业和服务业融合水平、完善汽车制造和服务全链条体系、深化制造业服务业和互联网融合发展、促进现代物流和制造业高效融合、强化研发设计服务和制造业有机融合、加强新能源生产使用和制造业绿色融合、推进消费服务重点领域和制造业创新融合、提高金融服务制造业转型升级质效。我们来看汽车制造和服务全链条体系融合，这可能是今天我们多数已经体验到的，尤其是年轻人越晚买车的实际上体会就越深。汽车基本上就变成了你的一个家，你的一个工作室。当你打开汽车上的车载系统，你手机上的所有东西都在上面，你电脑上的东西也都有，家里的也都有，要是你买了近期发布的小米汽车可能更是这样。我们接着来看制造业、服务业和互联网融合，物流、制造业的融合，研发设计制造业，新能源生产制造业，消费服务重点领域，制造业创新融合，金融服务制造业转型升级等等，这些实际上从我们的生产、制造到我们的生活服务都涉及了。

第三项就是2020年工信部、国家发展和改革委员会、教育部等15个部委发布的《关于进一步促进服务型制造发展的指导意见》。因为是工信部联合其他部委发布的文件，所以还是叫“服务型制造”。这个文件又提出了10个服务型制造的发展方向，实际上和前面是有一些重叠的、再次强调，依次为：工业设计服务、定制化服务、供应链管理、共享制造、检验检测认证服务、全生命周期管理、总集成总承包、节能环保服务、生产性金融服务、其他创新模式。但是，有一点是前面没有提到的，就是第五个检验检测认证服务。大家不要小看这一点，检验检测认证服务，你觉着好像就是我的一个产品是否检验合格了、能不能上市了，这确实是检验检测认证服务的基本工作，但是，我们国家要发展的绝不仅仅是一些普通的产品的检验检测认证服务。我不知道大家了解不了解我们国家的一个大的科学装备，第一期基本上建成了，位于广东东莞的松山湖科学城。这个大科学装置叫散裂中子源，现在正在进行第二期建设。以前我们国家没有这种检验检测和服务，我们做的好多的基础研发和重大研发都要到国外去做这些检验检测和服务。去国外做，第一人家提供的设备可能不是最先进的，第二就是保密性，现在我们自己具备了这种设备和服务能力，那就保密了。因为大家也知道，现在即使有钱可能要去国外做，人家也不让你去做。这里面即将推出的首台套高技术设备，它和我们的生命健康领域有关。大家看到，财政部、工信部推出的好多首台(套)设备各种优惠措施，其中第一台的首台(套)设备很可能马上就在广东投入使用。和我们的生命健康息息相关的，大家知道肿瘤治疗，肿瘤治疗我们经历了一个漫长的探索过程，现在有一种治疗叫靶向治疗，但是即使是靶向治疗，它对患者的身体摧残、免疫力摧残也很大，这个设备一旦投入使用以后，好多类型的肿瘤可能只要治疗一次就基本上解决问题。所以这就是我们国家要做这一些首台(套)设备的主要原因。

这就是我们国家这些年一直在强调的“新型举国体制”，也就是集中力量办大事。可能我们在座的好多同学，我不太了解都是学什么专业的。我去考察过广东的一个企业，因为它专注做的一个东西是我们每一个人都在用的，但是你可能根本就不知道这个东西，我们的电脑、手机里头都有一个中央处理器，现在手机电脑之所以越做越小，其中一个原因就是这个中央处理器越来越小，打开以后你发现这个中央处理器就是一个很薄很薄的板，但是，不要小看这个板，实际上它是一个膜，好多好多层压起来的。广东那边的这一家企业最初就是给别人做代工，在代工的过程中一直在从事自己的研发，现在能够做到非常非常薄，薄到什么程度？一层摸上去比我们的丝绸还薄。这就是我们国家这些年鼓励和发展的各种创新，也就是制造业和服务业融合取得的一些成就。因为在不同的领域，像总集成总承包、节能环保等等各个领域，我们都有一些成就，就是我刚才说的专精特新中小企业逐渐地成长成了小巨人企业。在一些关键的领域，甚至在某一个环节上建构了自己的竞争优势和竞争力。

来看第四项，2021 年国家发改委、教育部、科技部等 13 个部门发布的《关于加快推动制造服务业高质量发展的意见》，这个文件中就叫“制造服务业”了，就是面向制造业的生产服务业，实际上还是我们刚才讲的先进服务业，这个先进服务业不包括服务于我们生活的服务业，只是服务于制造业的服务业。生产服务业就是制造服务业，制造业发展的目标就是全力配合我们国家实现“中国制造 2025”的任务。大家看看，这个文件聚焦重点环节和领域，指出从 6 个方面加快推动制造服务业发展，以高质量的服务供给引领制造业转型升级和品质提升，这 6 个方面依次为：提升制造业创新能力、优化制造业供给质量、提高制造业生产效率、支撑制造业绿色发展、增强制造业发展活力、推动制造业供应链创新应用。这 6 个方面基本上涵盖了前面讲的领域。在这些领域当中，我们取得了很多的成效，大家可能听说过我们山东的一个企业，叫歌尔声学。歌尔声学是苹果的主要代工者。苹果好多扬声器、耳机都是歌尔声学代工的。应该说歌尔声学作为一个代工者来讲，这个企业的成长发展是值得称道的。虽然歌尔声学自己的研发能力和代工的能力，生产、制造能力也在不断提升，但是，大家想一想如果说我们的好多制造业企业依然还处在一个代工者的地位上，那我们是非常被动的。大家想，苹果公司大概从

2022年开始就有意地减少对歌尔声学的订单，因为歌尔声学是苹果的主要代工者，苹果就减少歌尔声学的订单，分散给其他国家的企业。国与国之间的这种竞争，产业链、供应链上的分工合作，好的时候是合作，不愉快的时候说难听了就是要“卡”对方。所以，我们国家这些年一直在强调我们的产业链、供应链的安全、稳定和韧性。我们中国是一个开放的大国，像这些年我们每一年都举办进博会，我们是有底气的。但是，话说回来了，在一些领域当中，我们也不能老是觉着目前我给别人代工，还有订单，给别人成龙配套还行，必须要居安思危。这些都是要靠我们的先进制造业和现代服务业的融合来实现突破的，要靠我们好多的专精特新中小企业的创新来实现突破的。

像在2022年举办的两个冬奥会上，我们的一些专精特新企业实际上是展示了好多领域的一些研发、创新的技术和专利，但是这些技术和专利下一步如何大规模地商业化，开拓更广阔应用场景，是需要我们方方面面来出谋划策，进行探索和实践的。别的不说，济南市的两家企业在我们的冬奥会上就展示了制冰和快速除雾技术，在国际上都是先进的。但是，大家想想，如何使我们这些先进技术的应用场景和商业化的规模大幅扩展和提升？因为只有规模上去了，应用场景多了，我们的企业才能够盈利。否则的话，没有应用场景，没有大规模的商业化，企业是很难获得盈利的。这是要靠着我们整个的产业链、供应链的协同配合才能够达到的一种状态。

正是因为这样，从2020年开始，我们各个省、直辖市、自治区都陆续地发布了关于制造业高质量发展、服务型制造、生产性服务业发展的意见和指南，这些我就不细说了。如果到每一个省政府的官方网站，或者每一个省的工业信息化局（厅）去查，我们会看到一系列的行动方案，也有他们认定的好多服务型制造、“两业”融合的典型企业、标杆企业，甚至还推出了好多灯塔工厂。灯塔工厂实际上就是样板工厂。大家想，我们整个的制造业的转型一直是在不断地探索过程中，我刚才主要是从大的背景和一些实践来谈了“两业”融合，既然我们的实践这么丰富多样，我们的管理学作为一个应用学科，相关的研究肯定要跟上，要服务于社会，服务于企业。

四、目前研究的进展与思考

正是因为这样，我在2020年申请了国家社科基金的一个重大课题，“‘两业’融合推动制造业高质量发展研究”。在这个课题之前我还做过另外一个国家社科基金重大课题“构建现代产业发展新体系研究”和国家社科基金重点课题“创新驱动我国制造业迈向全球价值链中高端研究”，应该说，这些年我们取得了一些成果，有一些成果也被相关政府部门和企业采纳。近几年我与我带领的研究团队聚焦的一个问题就是先进制造业与现代服务业融合如何推动制造业高质量发展。我在申请课题的时候感觉好像自己能够把握住这个融合，但是，实际上一去调研才发现实践非常丰富，这种融合的业态模式比我们想象的或者是比申请课题时构画的要丰富多样得多。也正是因为这样，这几年我一直在推动理论与实践的结合，不能说没有成效，但是我自己应该客观地承认，我们的调研有一些可能还没有完全达到能够总结规律和把握趋势的程度。尤其是2022年这一年最明显，2022年这一年我就没有离开过济南，当然没离开也没有完全闲着，在网上做了一些调研。大家想想网上调研就是找人在视频里头聊一聊，电话里头聊一聊，或者加微信聊一聊，这种聊一聊和你现实去看可能是不太一样的。我刚才给大家讲的到广东去考察调研，这都是2022年底解封以后到一些比较发达的地区去看一看、感受一下之后才能够体会出来的。

应该说我们现在进行的，或者说已经初步有收获的，从理论上把“两业”融合推动制造业高质量发展的内涵与现实能够基本上搞明白吧，我真的不敢说是真正搞懂搞清楚了。因为我们这种学科是对于实践的反映，而实践是走在前列的，我们的认知是有一定的滞后性，也有一定的局限性。这是一方面。另外，我们调研了一些“两业”融合发展的新业态、新模式，有大企业，也有小企业，或者说我们关注的更多的是中小企业。大家知道，制造业中的大型企业规模化生产，相对来讲，它的实践或者是和服务业的融合可能遇到的障碍、问题更小，或者是更少一点，而中小企业恐怕遇到的障碍和困难就会比较多。像在2021年我参与了腾讯的一项活动。腾讯一直致力于把它的一些数字化解决方案推介给中小企业，起初推介的时候好多是免费提供的服务。当然，从另外一个角度来讲，腾讯也是个企业，也是要以盈利为目的的，如果说它要持续性地做这种公益，提供免费服务，大家想也是要有财力支持的，企业不赚钱哪里来的对公益、免费服务的支持。

从2024年开始，我们主要立足企业，探索企业数字化转型中的问题。为什么在这里说着说着“两业”融合推动制造业高质量发展又谈数字化转型呢？大家知道，企业在实践当中，真正把制造业和服务业融合的时候，是借助于数字化技术，借助于整个企业流程的数字化转型来完成的。所以，今天谈论制造业高质量发展，恐怕无法绕过数字化。我调研的一些数字化转型的企业，那些老板说得很实在。2020年上半年，因为疫情，同学们都没有返校，那个时候我参与了韩都衣舍的好多直播，网上直播卖衣服。我觉着网上直播好像就是从那个时候开始火爆起来的，因为大家都不出门了。2020年上半年，感觉好像病毒还不是到处存在，但是，事实上大家是非常恐惧的。有好多企业开始实行这种网上直播，有一些餐饮企业也开始借助各种平台、微信群等等实行网上订餐与配送。那个时候韩都衣舍直播间的企业主就说，在此之前觉得数字化转型是“找死”，现在好像不转型“死”得更快。以前企业总觉得是别人要它转型，疫情来了以后是企业主动要转型，但是那个时候企业真是有点不知道该怎样转。因为，最终消费品像日用品、服装等，直播带货似乎效果比较好，如果说企业是生产中间产品的，比如是生产钢材的、制造机械设备的，可能很难以直播间带货的形式来解决销售的问题吧。

这几年，好像我们好多地方政府官员，尤其是文旅局的局长都得会网上直播，都要学会直播带货。这也是大家能够直观感受到的企业数字化转型。但是，这种转型如果说要划一个阶段的话，应当说可能是初级阶段的转型，而高级阶段的转型从管理学的角度来讲首先是管理的数字化转型，另外就是从研发设计、生产制造到销售整个流程的数字化转型。而这些转型恐怕就不是像直播带货或者是在网上推介推介那么简单的事情了。这里头可能就涉及好多的生产、制造、加工的流程怎样进行数字化的设计。从劳动者的角度来讲，劳动者技能的提升也要同步跟上，否则即使有了流程，有了设备，劳动者技能跟不上，所有的设备恐怕都等于是白搭了，或者白费。这就类似于感觉人工智能，尤其是生成式人工智能很可怕，但是想来想去人工智能不还是人发明的吗？所以在数字化转型过程中，我自己感觉，最起码我接触的山东省的一些中小制造企业的管理者和一线工人的生产技能方面，数字化能力还不够高。

山东省经济发展在全国处在前列，尤其山东省经济总量比较大，但是，在吸引人才方面恐怕无法和一些先进的省份尤其是东南沿海的一些城市和地区相比，这是山东省的不足。另外就是我们也开展了一些面向制造业企业成长与竞争的现实需求，尤其是对于一些服务型制造、数字化转型的不同业态模式的调研。像最近我们想着再访韩都衣舍，因为韩都衣舍最初是做商业零售的，没有加工制造，但是有服装设计，设计完了以后会下订单给别人进行加工制作。我们是想着结合刚才说的服务衍生制造将其作为一个典型的案例，看看能不能再进行更好的研究与梳理。

研究山东省制造业和服务业融合比较典型的案例，更多是结合海尔集团的例子。海尔是一个传统的制造业企业，生产的是传统的家电，需要进行数字化、平台化的转型。为此，海尔发展了工业互联网平台——海尔卡奥斯。这个案例可能大家了解得比较多，因为海尔卡奥斯也是很多中小企业创业的一个平台，这样可能会形成一个比较好的生态。也就是说，海尔集团作为一个大企业，通过自己的转型和信息技术数字化的转型平台，能够带动一些中小企业的创业和成长。

我们进行这些调研与研究的目的就是想着发挥管理学科、经济学科融合的优势。因为我本科是学政治经济学的，想着利用学科知识的积淀。在这个过程中，尤其是在疫情期间，因为那个时候都不出门，通过网络、电话等等关注了一些现实的问题，结合着我所做的这些研究，当时我也给省委、省政府还有中央部委写了一些类似我们关于产业链、供应链怎么优化，怎样通过中小企业的专精特新发展优化产业结构，打造“小巨人”企业等等方面的建议与思考，也得到了一些主要领导的肯定性批示。这两年因为情况发生了转变，我们就没有再继续关注这些方面的话题，而主要是带着我的团队把近五年左右积累的东西转化成我们的一些教学和研究的成果。当然在做的过程中我们肯定要不断地补充一些新的事例、新的企业实践，否则恐怕随时都会落伍。因为企业的实践，说实在的，尤其是这些年企业的数字化实践和企业的各种融合实践确确实实是非常的丰富多样。我给大家就分享这些，不当之处敬请批评指正。

中国式法治现代化中的几个问题

谢鹏程

谢鹏程，男，1962 年 10 月生，湖北省随州市人，法学博士，享受国务院特殊津贴的专家，国家级法治人才库专家，现任山东大学讲席教授、中国法学会法理学研究会副会长，曾任最高人民检察院检察理论研究所所长、中国检察官协会秘书长、《中国刑事法杂志》主编、民盟中央第十二届法制委员会主任，山西省人民检察院副检察长（挂职）。先后在《中国社会科学》（2 篇）、《法学研究》（5 篇）、《中国法学》（5 篇）、《求是》（1 篇）、《人民日报》（2 篇）等期刊和报纸上发表论文、文章 300 余篇，著有《基本法律价值》、《检察规律论》、《论检察》、《宪政与民主》（译著）、《人权是什么》（译著）等 50 余部。倡导和推动全国检察机关开展量刑建议、认罪轻案快速办理、企业附条件不起诉改革，产生了重大的社会影响。

关于中国式法治现代化的讨论已经形成理论热点，我向各位汇报一下个人对这个问题的一些看法，和大家一起讨论。

今天我主要回答两个问题：第一，法治的本质是什么？第二，怎样实现法治？具体从四个方面来谈：一是人类法治的发展经历了哪几个阶段？二是法治的最低标准是什么？三是现代法治的最低标准是什么？四是如何以人民法治理念引领中国式法治现代化？

一、法治的历史发展

在这里，我首先向各位提出一个问题：人类社会为什么有法律？为什么需要法治？

大家知道，习近平总书记对法治的三大功能有一个经典的概括，那就是“固根本、稳预期、利长远”。现代化是以工业化、城镇化、信息化等为主要特征的社会变化。它在带来社会财富极大丰富的同时，也给社会带来了巨大的风险。德国社会学家贝克(1944—2015)写了一本书叫《风险社会》。他证明，财富的社会生产系统地伴随着风险的社会生产。

人们奋斗所努力争取的一切都与利益有关，而利益最大的敌人就是风险。人类自有阶级社会以来都在追求社会秩序。国家和法律都是人类在阶级社会里追求秩序的产物。社会稳定就是克服社会风险的一种成果，就是实现了社会风险的有效控制，就是法学上所说的秩序。法律和法治是人类社会防范和应对社会风险的一种方式。

法治有固根本、稳预期、利长远这三大功能。道德有没有？政策有没有？规章制度有没有？

道德、政策、规章制度都是规则，也有这三个方面的功能。但是相比而言，它们的确定性不够大(如道德)或者稳定性不够强(如政策)。道德、政策、规章制度都有一定的约束力，也有其相应的制裁手段。法治最大的特点，或者说，它最大的德性、最大的优势就是它的确定性，包括法律规则的确定性和法律实施的确定性。它明确地告诉人们什么可以做，什么不可以做，以及做了会有什么后果。

在人类历史长河中，具有法律确定性的时代比较多，但同时具有法律确定性和法律实施确定性的时代不多。法律的确定性是由什么来决定的呢？中国历史上在不同朝代、不同时期，法律的确定性是不一样的。放眼世界，不同国家及其不同时代的法律的确定性也是不一样的。为什么有的国家、有的时代的法律确定性不高呢？这背后的原因是什么？

大家知道，有一个历史故事叫“约法三章”，是说刘邦入关以后占领了秦国的首都咸阳，为了稳定社会秩序，也为了表现出与秦朝烦琐而残酷的法律不同，树立新政权的好形象，他提出了约法三章，即“杀人者死，伤人及盗抵罪”。所谓“三章”，只不过是这一句话。但是这“三章”法律把我们现代的刑法、行政法和民法的核心内容都包括进去了：“杀人者死”是刑法，“伤人及盗抵罪”这里面有刑法，也有一些行政法，还有一些民法的内容。用现代法学的观点来看，“约法三章”实际上保护了两个基本权利。那就是人身权和财产权。

人类社会有国家和法律以来的历史可以概括为权利发展史。两千年前秦末就确立了人身权和财产权，资产阶级革命以后，资本主义标明它是优于封建社会的，是更人道的社会，除了在人身权和财产权保护机制上更完善以外，只是增设了一项权利，那就是自由权。在这个意义上说，自由权是人类社会经过几千年奋斗才取得的成果，是现代社会区别于传统的社会显著特征。

大家看到，在现代社会里法律越来越多（截至 2024 年 6 月，我国现行有效法律 303 件、行政法规 598 件、地方性法规 1.4 万余件）。法律虽有千万条，但是它保障的权利就是人身权、自由权和财产权三项。

秦朝是中国古代实现了法治的极少数朝代之一，法治正是秦朝强盛进而统一六国的重要原因之一。但是，自秦灭亡以后，中国两千年来历代王朝从来不以秦朝为榜样，从来不把法治作为国家治理模式的最高追求。这是为什么呢？按照汉朝的贾谊在其《过秦论》中的说法，秦二世实行“繁刑严诛，吏治刻深；赏罚不当，赋敛无度。……蒙罪者众，刑戮相望于道，而天下苦之”。由此看来，人们不推崇秦朝的法治是因为其刑法残酷、赏罚不当、受刑者太多了。归根到底，是因为人民不满意秦朝的法律和秩序。

在我上大学的时候，老师们一直告诉我们，法治是建立在民主基础上的法律制度。按照这个法治概念，法治和民主是有内在联系的，没有民主就没有法治。

党的十一届三中全会决定提出，要健全社会主义民主，实行社会主义法制。那时候讲的是“法制”，直到党的十五大以后才改称“法治”。这个法治概念代表了当代中国法学家的法律理想。

中国近代有一位法学家，他是留学日本的法学博士，曾在西南联大担任教授，新中国成立后，一直在全国人大法工委里面做顾问。直到1986年去世，他在历次政治运动包括“文化大革命”中都没有受到冲击，这算是一个奇迹。这也从侧面证明他对社会、国家、法律、政治的认识高出了我们很多人。他讲了一个观点，我觉得很有道理。他说，法治这个东西是八面玲珑的，可以和君主同居，也可以与民主结合，还可以和独裁握手。他的意思是法治与民主无关。而我们眼中的法治是客观的、死板的、民主的，与专制、独裁都是水火不容的。

我们应该怎么看人类的法治史呢？按照历史唯物主义的观点来说，国家和法律都是阶级社会的产物。经历了奴隶社会、封建社会、资本主义，最后是社会主义法治。进入共产主义社会后，国家和法律都会消亡。根据这个理论，法治的发展要经过四个阶段，即奴隶制法治、封建制法治、资本主义法治和社会主义法治。这是历史唯物主义的基本观点，毫无疑问是真理。在此基础上，我们还可以从另外一种角度,用不同的标准来划分法治发展史。如果我们站在人民的立场上来看人类社会法治的发展历程,可以把它划分为三个阶段,即针对人民的法治、通过人民的法治和为了人民的法治。

第一个阶段是针对人民的法治。大家看一些历史著作,可以看出中国长期的封建统治,或者说看一些帝王术、统治策略、谋略等等,他们把统治者比喻成牧羊人,把老百姓比喻为羊。皇帝、统治者是牧羊的人,相应地,人民就不是人了,不是国家和社会的主人,而是客体了。因此,这种法治是针对人民的,是奴役人民的。它客观上都是为了保护皇权,不是为了保护人民。皇权至高无上,所有破坏皇权的行为都是罪大恶极的。封建社会、奴隶社会这两个时代的法治都是针对人民的法治,就是片面追求约束人民、管理人民、控制人民。这是它的一个共同的特点。

第二阶段是通过人民的法治。推翻了封建社会以后,资产阶级建立了资本主义政权。他们认为资本主义要想得到发展,就要获得自由,就要打破传统的封建社会制度,不能把国家权力都交给少数统治者,必须让大多数人,让大众来统治国家,这就是民主。资产阶级为了维护资本的利益,为了维护自身的、少数人的利益,采取了一种政治策略,那就是通过民主来保障资本特权,实质上是资本家的权利,资本主义国家的权力。这里很有意思的是,资本主义国家为了维护资本家的利益,客观上使无产阶级成为受益者,即将其从封建制度中解放出来成为自由的劳动力和民主权利的享受者。资产阶级追求的三大权利即生命、自由和财产,是所有人都有的权利,而不是资产阶级才享有的特权。资产阶级的高明之处在于他们认识到,只有通过所有人来参与这个政权才能够防治国家权力的异化和腐败。

为什么我们说资本主义制度有很大的虚伪性呢?资本主义民主是全民的民主,资本主义法治是人人平等的法治。大家知道美国梦是什么?那就是所有美国人都有成功的机会,都有发财甚至当总统的可能性。实际上，任何国家在任何时期真正成功的人只是少数。对大多数人来说，成功的机会只是一张空头支票。因此，资本主义以所有人的名义，通过民主的形式，最后保护的实际是少数人的权利。当然在名义上仍然是保护所有人的权利，这就是资本主义社会的奥妙，它的高明之处，它的虚伪之处。通过保护所有人的权利最终实现了保护资本家的权利，这就是资本主义法治的一个重大的特点。虽然资本的每个毛孔里都流淌着无产阶级的鲜血，但是资本主义给人类社会带来了巨大的、多方面的进步。例如，它让所有的人都成为平等的公民，都具有独立的、完整的人格和尊严。你是否发财，是否当官，那都是个人的造化。从国家和法律上来说，它给所有人提供平等权利、平等机会和平等规则，给予平等保护，并通过法治和三权分立，对国家权力进行严格控制。把防官放在比防民更重要的位置上，这是资本主义政治和法律的进步所在。

资本主义国家与封建制国家相比，在政治观念上有很大的不同。在封建社会的意识形态中，最可靠的是谁？是政府和官员。最不可靠的是谁？是商人和老百姓。资产阶级颠覆了这些观念，它认为最不可靠的就是政府和官员，最可靠的就是普通公民。因此，资本主义政治制度是针对政府和官员的，千方百计地防治公权力的滥用和腐败。相反，封建制国家建立的政治制度都是最有利于官员的，推定政府和官员都是善良的。从结果上看，封建制国家无一例外地在腐败中灭亡，而资本主义国家出现了许多廉洁政府，政权相对稳定。从文化上看，资产阶级革命真正实现了一场彻底的文化革命。

从中国封建社会来看，政治意识形态与政治家的真实想法也是脱节的，甚至是相反的。譬如，在《红楼梦》里，王熙凤预感到家族即将灭亡的时候，她把自己的女儿托付给谁了？她没有交给富有的亲戚，没有交给任高官的亲戚，而是交给穷亲戚刘姥姥。这说明在王熙凤这些富贵人的心目中，道德上最可靠的不是富人，不是官员，而是穷人、老百姓。这实际上反映出封建政治比资本主义政治具有更大的虚伪性。

资本主义通过民主选举和三权分立来保障人权，客观上保障了资本主义的自由和发展，创造了人类历史上快速发展的奇迹，也就是实现了以工业化为核心的现代化。马克思在《共产党宣言》中说："资产阶级在它的不到一百年的阶级统治中所创造的生产力，比过去一切世代创造的全部生产力还要多，还要大。"明末清初，中国就出现了资本主义萌芽，但是被扼杀了，错过了资本主义发展的历史机遇，才出现近代落后挨打的屈辱史。当然，资本主义历史也是一部血泪史、罪恶史，这些内容马克思在《资本论》中揭露得很充分，核心是资本家通过剩余价值剥削工人。从政治和法律上说，资本主义国家的政治领袖都是民选的，但是操控国家的实际上是资本家。这一点从美国大选和政治运行可以看得很清楚。大家可能好奇，人民是怎么选出资本家中意的总统来的呢？资本家集团控制国家的方式很多，除了政党竞争外，主要是舆论。传播媒体大都掌握在资本家的手中，老百姓知道什么，相信什么，支持什么，实际上都受到资本家集团的操控，最后起决定作用的是资本家。在这个意义上说，在资本主义国家，当家作主的不是人民而是资本家。

第三阶段是为了人民的法治，即社会主义法治。社会主义法治，不仅是要保护每一个人的合法权利（这一点资本主义法治已经做到了），而且要保护人民的利益，而不是资本家的利益（这是与资本主义法治的本质差别）。为此，我们就要采取或者探索出一条与资本主义不一样的法治道路或者法治模式。资本主义法治在防治政治权力腐败和平等保护公民权利方面确实有巨大的优势，有值得我们学习借鉴的地方，但是它摆脱不了资产阶级的操控，这是我们不能容忍的地方。社会主义法治的进步实质上可以概括为一点，那就是把资本家操控改变为共产党领导。经过近百年社会主义探索，特别是新中国七十多年的探索，我们得出了一个结论：社会主义的本质特征是共产党的领导。社会主义法治区别于资本主义法治的根本标志也是共产党的领导。

社会主义法治把人民利益放在首位，因而可以称为“为了人民的法治”。由此，也区别于“针对人民的法治”和“通过人民的法治”。不管是“通过人民”还是“为了人民”，人民都是主体，发挥了重要作用，因此，它们可以统称为“现代法治”。换言之，现代法治实际上包括资本主义法治和社会主义法治两种形态，或者两种模式、两个发展阶段。

回顾人类法治史，纵观针对人民的法治、通过人民的法治、为了人民的法治这三个历史阶段，我们来提炼一下法治的本质。这是一个很有意思的思想之旅。

先拿中国封建社会的法家及其著作来研究，我发现一个很奇怪的现象，中国的李悝、商鞅、管子、韩非子等法家人物，写了很多论述法律的书，有不少关于法律是什么的说法，但是他们没有一个人给法治下定义。在这个意义上说，中国古代没有法治概念。但是，我们不能由此断定中国古代就没有法治实践和法治观念。一方面，中国人在思维方式上崇尚玄学而不是科学，不重视概念、判断和推理这一套严密的逻辑思维方式。相比而言，古希腊的哲学家则不同，譬如亚里士多德就特别重视定义法治概念。他给法治的定义到现在都仍然被普遍接受。他说：“法治应当包含两重意义：已成立的法律获得普遍的服从，而大家所服从的法律又应该本身是制定得良好的法律。”第一层含义，就是法律必须得到社会的普遍服从。有一小部分人不服从是在所难免的，如果大部分人不服从，那就不是法治，或者说还没有实现法治。第二层含义，就是这个法律必须是良法。西方法律思想史上有“恶法非法”与“恶法亦法”之争。这实质上是说，要不要给法律确定一个道德标准？人民有没有反抗或者不服从恶法的权利？

这些问题都有很大的争议。在我国《民法典》起草过程中，有的学者认为，为了维护稳定不能赋予人民群众不服从的权利，也有的学者认为，为了巩固政权，必须赋予人民群众不服从的权利。在座的可能有不同的选择，我的选择是后者。我认为，人民群众的反抗权，无论你承认不承认，它都是客观存在的，否则，中国历史上怎么会有那么多起义？而且有些起义成功地推翻了政权。不是所有的法律都是好法律，对于不好的法律，还要强迫人民服从，那就是恶上加恶。维护社会稳定必须建立在公平正义的基础上，靠压迫达成的稳定是不长久的，甚至具有更大的破坏性。个别的不服从或者反抗促使立法和执法司法界来反思和改进法律。这不是一件好事吗？亚里士多德的法治概念是一个经典概念，它把法律的正当性与法律实施的普遍性结合起来了，具有很强的理论解释力。现在，如果我们来回答为什么中国两千年封建社会不以秦朝的法治为榜样，是不是答案就更明确了？

秦朝的法律实施是很有效的，或者说，法律得到了普遍的服从，但是其法律在一定程度上是恶法。譬如，它广泛地适用肉刑，轻微罪就适用刺字、割鼻、断足、破坏生殖器官，让人致残；重罪则适用各种惨无人道的死刑，还有灭族，甚至灭九族。虽然奴隶社会和封建社会的法律普遍比较残暴，但秦朝法律的残暴程度超过了其他封建王朝。以酷刑相威胁，老百姓不得不遵守这些法律。但是这种法律的实施给人民造成了极大的伤害。秦朝实现了法治，也败坏了法治。

现代美国的法学家富勒(1902—1978)提出了八项法治原则，即法律的普遍适用性、公开性、不溯及既往、明确性、不自相矛盾、不要求不可能的事、连续性、官方行动与法律保持一致性。这八项原则是他从造法失败的灾难性后果中总结出来的。这八项原则看起来似乎有点缺乏逻辑性和概括性。不过，大家想一想，有统一规则，要公布，不能溯及既往，要清晰明白，要前后一致，要不强人所难，要有连续性，政府要守法，这八个原则中哪一条是不对的、不必要的？或者是可以省略或者合并的？我看没有。它的最大缺点是不便于记忆。

二、法治的最低标准

透过历史，跨越中外，我们来探讨一个理论问题：法治的本质或者最低标准是什么？我先提出我的观点，树一个靶子。我认为，法治的最低标准就是法律及其实施的确定性。

法律及其实施的确定性，显然也包括两重含义：一是法律的确定性，二是法律实施的确定性。我提出的这个标准比亚里士多德的法治标准要低一点，那就是不要求“良法”，只要求具有确定性的法。这样，秦朝的法治等封建国家的法治就可以概括进去了。为什么要把“法律”的标准从“良好”降低到“明确性”呢？简单地说，目的就是要把法律与道德区分开来，以便更好地界定和研究两者及其关系。

法律及其实施的确定性是由国家权力的制约监督机制决定的。封建社会是可以有法治的，也是有法治的，甚至奴隶制社会也可能是有法治的，国家只要保证这个法律具有明确性，而且有一种制约监督机制，保证所有的人特别是国家机关和官员都能够遵守法律就行。

在这种法治下，恶法能不能产生呢？恶法是有可能产生的。但是，只要国家权力有制约监督机制，这种恶法就会得到修正。恶法到底是怎么产生的呢？比较常见的情形是，一个人（多为专制者或者独裁者）自以为是地提出了一个不成熟的规则性主张，没有经过充分的讨论和慎重的研究，就变成了法律，这个法律可能就是恶法。如果他的权力是受制约监督的，这个恶法是很有可能得到纠正的，当然有的要等待他去世以后才有可能。如果国家权力特别是立法权没有受到有效的制约监督，就有可能制定一系列恶法。譬如，商鞅虽然只是一个丞相，但是皇帝完全授权给他，国家的法律差不多是一个人说了算，他想制定什么样的法律，怎么执行法律都是他说了算，连皇帝都不制约他。有恶法也改不了，没有人来制约他，没有权力来修正这个恶法，所以这样的法律就越来越多。相反，如果国家权力能够受到有效的制约监督，出现恶法的概率就会降低，即使出现了也会得到及时的修正。

研究法治的最低标准，不仅具有理论意义，而且具有现实意义。我们以前的法治概念，要么与道德结合在一起，要么与民主结合在一起。所谓“没有民主就没有法治”，那么，有民主就有法治吗？答案不是完全肯定的。这说明法治有自己的规定性，不能与民主混为一谈。法治与道德（德治）的关系也是这样。既然是两个事物，就要区分开来，不然两者都没有清晰的界限。那是玄学思维而不是科学思维。

如果我们把道德和民主都作为法治的内在标准，那么不仅意味着资本主义社会以前的封建社会、奴隶社会都没有法治，而且现代国家包括资本主义国家和社会主义国家也不一定都有法治。譬如，我们说资本主义法律都是压迫无产阶级的法律，是不道德的，因而没有实现法治。按照这样的混合标准，可能只有到了社会主义高级阶段才有法治。换句话说，只有在实现共产主义的前夜，人类才有法治。这意味着中国就没有法治文化可以传承，法治文化是一种有待创造或者正在创造的崭新文化。即使我们假定资本主义国家实现了法治，有资本主义法治文化，但是中国没有经过资本主义社会，只经历过奴隶社会和封建社会，那就意味着中国古代没有法治文化，没有法治文化可以传承。我们只有资本主义法治文化可资学习和借鉴。这显然是不对的。

尽管中国封建王朝的法治，如秦朝的法治、唐朝的法治、明朝的法治等，都有这样那样的局限性或者缺陷，但是中国也有传承几千年的法律文化、法治文化。给法治设立一个最低的标准，有利于抓住法治的本质，把法治与道德、民主等真正区分开来，把法治文脉贯通起来。不仅使中国几千年的法治文化连续起来，也让中国法治文化与世界各国的法治文化联系起来。我们进行社会主义法治文化创新的资源就更加博大精深了。

古代的法治，现代的法治，中国的法治，外国的法治，不管它的意识形态是什么，不管它是不是以民主为基础的，也不管它是否符合一定的道德标准，只要有一个特点——法律及其实施具有确定性，我们就都可以学习和借鉴。

法律及其实施的确定性包括两个方面，其中之一是规则的确定性，规则模糊没有确定性不行。我前面讲到为什么道德没有法治的三大功能呢？因为道德的规则是抽象的、不明确的，不同的人有不同的感受、不同的评价。道德标准和道德评价往往要诉诸良心。虽然我们每一个人都有良心，但实际上是不一样的，特别是面临具体问题的时候，评价标准及其选择可能是不同的，这就意味着道德的标准往往缺乏明确性。政策也是如此。政策主要是由方针、路线、战略、策略等构成。这些都是高度概括的抽象原则，既不具体，也不明确，要靠我们在具体实践中去具体化和应用。法律就不一样，法律有“总则”规定原则，更多的是“分则”规定具体的行为规则，包括行为模式和法律后果。分则如果有不清楚的，或者在执行过程中有分歧的地方，可以通过适用总则来帮助理解、把握分则中的规则。法律最大的特点就是以条款化的方式使每一个规则尽可能地具体、明确。譬如，刘邦入关提出的“约法三章”，这大概是人类历史上最简约的法律条款了。尽管只有一句话，但是它的规则是相当明确的。让人一听就明白了规则和违规的后果，这与道德上的公平、正义、良心等在明确性这一点上简直是天壤之别。

法律中经常出现一些规则或者违规后果不明确的现象。有的是立法者无意留下的规则不确定性，而更多的是立法者有意留下的规则不确定性。有意留下的规则不确定性大致有两种情况：第一种情况是有意给立法者、执法者和司法者留下自由裁量的空间，以便在应对各种复杂情况时掌握主动权，处于有利地位；第二种情况是因为现有条件和经验的局限，难以预测可能发生各种行为，不得不笼统地规定，留待以后取得经验后再加以完善。譬如，网络社会已经到来并正在向经济、政治、文化等方面渗透，但是我们在制定网络犯罪法的时候，就遇到了对网络犯罪的类型认识不足的问题，因为网络犯罪的各种形态还没有充分展开。立法时只能基于现有经验制定规则并预留一定的空间。如果立法者把一些未出现过的行为也纳入犯罪，那是非常危险的做法，对社会发展可能产生阻碍甚至破坏作用。

三、现代法治的最低标准

现代法治的最低标准什么？法治的现代化给法治带来了哪些变化，赋予了哪些新的规定性？

现代化是一种以人文思想为导向，以经济发展为动力，以科学技术为支撑的新型社会发展模式。它的核心是工业化，它的结果不仅实现了从传统社会向现代社会的发展，而且实现了从发展中国家向发达国家的发展。那么，现代法治是什么呢？现代法治包括资本主义法治和社会主义法治。资本主义法治与社会主义法治的区别，我们首先不妨做一个简单的对比。第一，从政党制度上来说，资本主义法治是保障多党竞争的政党制度；社会主义法治保障的是共产党领导的多党合作制度，共产党长期执政，其他民主党派参政议政。第二，从国家制度来说，资本主义法治保障的是三权分立；社会主义法治保障的是人民代表大会制度。第三，从民主制度来看，资本主义法治保障的是民主选举，国家领导人必须由民主选举产生；社会主义法治保障的是全过程人民民主，是人民民主专政。第四，从人权保障制度来看，资本主义法治强调的是个人人权、人权的普遍性，甚至人权高于主权；社会主义法治尊重和保障人权，但强调的是集体人权、人权的普遍性与特殊性相结合，主权高于人权。

现代法治的最低标准到底是什么？前面我们说过法治的最低标

准是法律及其实施的确定性，而这种确定性是由国家权力的制约监督机制决定的。“法律及其实施的确定性”这是法治的共同特征，因此，现代法治的特征主要来自国家权力的制约监督机制。现代法治包括资本主义法治和社会主义法治在国家权力的制约监督机制上有哪些特点呢？

第一，民主政体。资本主义国家的三权分立是民主政体，社会主义国家实行的人民代表大会制度，也是民主政体。民主政体有两个共同特点，第一个是公民的普选权，第二个是政府的首脑是由民主选举产生的。民主选举是对公权力的最有效的制约监督机制。

第二，人权保障。人权保障也有两个方面的要求：第一个方面，国家有尊重和保障人权的义务；第二个方面，承认和接受国际人权法的约束。人权保障是现代法治的精神。

我们为什么要研究和确定现代法治的最低标准呢？为什么要找到资本主义法治和社会主义法治的共同之处呢？因为我们要实现法治现代化，除了坚持中国特色社会主义法治的个性外，还要坚持现代法治的共性，在近代以来的法治文明基础上，建设社会主义法治文明。

四、以人民法治理念推进中国式法治现代化

推进中国式法治现代化是一项前无古人的伟大事业。中国式法治现代化，是中国特色社会主义法治的现代化，是在中国特色社会主义法治道路上推进法治建设。

按照前面讲的法治发展的三个历史阶段，社会主义法治是为了人民的法治，也可以简称为“人民法治”。人民法治是现代法治的一种形态，是党领导人民实行的，为人民谋幸福的法治。党的领导是社会主义的本质特征，坚持党的领导就是坚持社会主义法治道路。因此，推进社会主义法治或者中国式法治现代化，就是在党的领导下，

以人民法治理念为引领，实现全过程人民民主，全面保障人权。

人民法治理念是什么？首先是坚持以人民为中心的发展思想。党的二十大报告指出："维护人民根本利益，增进民生福祉，不断实现发展为了人民、发展依靠人民、发展成果由人民共享，让现代化建设成果更多更公平惠及全体人民。"这当然是既准确又现实的表述，但是句子比较长，我想用一句既简明又充满理想的表述方式，那就是《共产党宣言》里面说的，即实现"人的自由全面发展"。这是社会主义法治的根本目标，即共产主义理想。把共产主义理想作为社会主义法治建设的航标，引领社会主义法治的发展，不仅具有理论上的彻底性，而且让人充满激情和向往。

我们要充分认识实现中国式法治现代化的优势。那就是坚持党的领导，坚持全过程人民民主，通过经济社会的高质量发展，实现人们生活水平的质的飞跃，全面保障人权。过去我们用七十多年的时间走完了资本主义国家一两百年走过的道路，这既是后发优势，也是社会主义的优越性。

我们也要充分认识实现中国式法治现代化的短板。大致有三个短板。第一个短板就是人权意识薄弱。第二个短板就是人情关系浓厚。第三个短板就是司法公信力不足。这么多短板，这么多问题，实现现代法治的道路肯定是不平坦的，也不是直线的，可能是曲折的，甚至偶尔走点回头路，扭秧歌式的前进，螺旋式的上升，都属于正常现象。

今天我就讲这些，请大家批评指正！

[韩吉绍]：我们非常感谢谢教授的精彩报告，刚才谢老师重点围绕两个问题，一是法治的本质，二是法治的实现方式，谈了许多富有启发性观点。在演讲过程中，谢老师以问问题的方式来引导大家思考，探讨了一些中国式法治现代化相关的问题。整体来讲，谢老师的报告内容非常丰富，逻辑性也非常强，相信大家听完之后一定是受益

匪浅。甚至连我这个完全的外行，学历史的，也受到很多启发。我们留一些时间，如果有问题的话，大家可以跟谢老师请教。

[提问]：老师您好，我是2022级经济学院的本科生，感谢您精彩的演讲。您提到现代法治的最低标准有两个，一个是民主政体，一个是人权保障。我以前学习马克思主义的时候，马克思主义政治观里面有一句话，他说政治民主的本质是资产阶级民主，但是在这里您把民主政体的两个标准归结为普选权和政府首脑民选，作为中国式法治现代化的最低标准，这给我带来一些疑惑。因为在我的理解中，按照马克思主义理论，一个社会的政治面貌事实上是和它的经济发展、生产关系密切相关的。在社会主义市场经济体制包括今后长期的改革开放的背景下，您提到的这个民主政体包括普选权，政府首脑遴选或依靠议会多数支持是否与西方的民主政体还是有一些更加本质的区别？

[谢鹏程]：这个问题问得很好。在这两个方面，从形式上看社会主义和资本主义是一样的，但是在内容上是不一样的。比方说民主的实施，我们的民主政体是通过人民代表大会制来实现的，西方的民主是通过三权分立和多党制来实现的。关键不是直选与间接选举的差别，而是选举制度的差别，更多的是国家政治体制的差别。尽管资本主义民主与社会主义民主有本质上的差别，但它们都是民主的，都是由选举产生的，都是有普选权的，这个是共同的。

[提问]：谢老师您好，我也是经济学院的学生，我最近研究的主要是再分配方面的问题，再分配本质上还是法律问题，所以我想咨询一下教授。从国际上来看，虽然我们说社会主义目标是共同富裕，但是我国再分配的力度实际上是比较弱的，比如像这种累进税率，以及我们国家也没有征收遗产税之类的，包括前段时间所说房产税，也没有掀起什么波浪。很多人说，如果国家大规模地征税，会让那些富人全部跑向国外。所以，我想说法律是不是也存在这种公平和效率的权衡，或者换句话说，中国式法治现代化是应该追求最终的保障人权

的目标，还是应该以适应经济社会发展为主要目标？谢谢。

[**谢鹏程**]：这个问题很深刻。我们国家改革开放以来一直面临最突出的矛盾就是公平和效率的关系。党的十三大报告提出的原则是，效率优先，兼顾公平。在生产力发展水平不高的情况下，我们要把追求效率放在首要位置，首先要发展，等社会财富极大地丰富以后，我们再来强调二次分配，三次分配。税收主要是二次分配问题。税负过重，资产会流失到国外，这个说法不太准确。正如你刚才所说，美国、英国等西方发达国家的遗产税、房产税、个人所得税都要比中国高。我们现在的根本问题是发展，要让资产发挥更大的效益，创造更多的财富，把蛋糕做大。如果现在征收的税率过高，比如说增值税，企业越赚钱，国家收税就越多，客观上有可能打击先进的生产力，保护落后的生产力。我们现在是要解放生产力，要促进发展，社会财产极大丰富后才能实现共同富裕。在计划经济时代，国家集中支配绝大部分社会财富，但是国家效率很低，不但没有实现共同富裕，反而导致了共同贫穷。事实证明，让企业家来发展生产，效率就高，创造的财富就多，人民就富裕起来了。你学经济学的，更要特别注意效率。分配公平的标准不能是纯粹的主观愿望，还得是客观效率，否则难以为继。效率与公正的问题，是一个经济学问题，也是一个历史问题，不同时期社会的主要矛盾不同，解决的方案就有所不同。

[提问]：谢教授您好，我是来自马克思主义学院的博士生，今天的讲座使我受益匪浅。我想提的问题是，第一个，虽然我们现在也在加强全面从严治党，但是从执政党内部我们应该怎样从法治的角度加强对权力的监督和制约？第二个是从执政党和国家政权之间的关系角度，我们该如何推动法治现代化的进程？谢谢。

[**谢鹏程**]：这个问题很重要。我前面讲的法治的本质是法律及其实施的确定性，而这种确定性是由国家权力的制约监督机制决定的。这意味着能不能实现法治，就靠国家有没有公权力的制约监督

机制。国家如何来构建权力制约监督机制呢？党的二十大报告提出了对权力的制约监督问题，包括司法改革，也要强调权力运行的制约监督。其他的如党的权力、政府的权力、立法的权力更是要强调制约监督。怎么来制约监督？现在从理论上来说有两条最基本的道路：第一个就是权力分配，防止集权，防止个人或者部门把权力集中于一身，要合理地分配权力，让权力之间形成一定的制约关系和监督关系。一旦一个部门、一个人掌握了国家的所有的权力，这就是集权，就会造成腐败和权力的滥用，就没有权力制约监督机制了。这是第一个方面。第二个方面，要给所有掌权的人分配相应的、与权力相称的责任。权力一定要和责任匹配，或者责任一定要和权力匹配。如果一个人或者一个部门行使的权力很大，但责任很小，甚至没有责任，或者没有机构和人员追究其责任，那么权力的腐败和滥用就不可避免。我们要坚持严格依法办事，做到职权由法定、有权必有责、用权受监督、违法受追究。

[韩吉绍]：谢老师，网上有一个问题：中国式行政法治现代化这个命题是不是成立？如果成立的话又该如何实现？中国式行政法治现代化与中国式法治现代化相比有没有特殊性？

[谢鹏程]：首先我不是行政法专业的，回答这个问题是有局限性的。从理论上来讲，行政法治是国家法治的一个组成部分，我们有中国式法治现代化也应该有中国式行政法治现代化，这是通过演绎推理就可以得出的结论；但是行政法治现代化的重点是什么？道路是什么？目标是什么？应该有行政法治内在的规律。你是学行政法的，肯定比我知道的多。

[提问]：谢老师，您好，我们经常读到一句话就是，依法治国与以德治国相结合，两者相辅相成；但是在实际生活中也有一句话是，可怜之人必有可恨之处。您怎么看待以德治国和依法治国的关系？两者到底哪一个是最大，或者是优先的？

［谢鹏程］：这个问题非常重要，在习近平法治思想里面就有标准答案。这里我简单说一下。习近平在探讨这个问题的时候，他充分考虑到人类历史发展过程中道德与法律的关系，也考虑到法治与德治的关系，这是两个层次。首先，从道德与法律之间的关系来说，法律是更加具体、更加明确的规则，而且是以国家强制力为后盾来保障实施的，它具有确定性、强制性和权威性。但是法律权威要靠道德的支撑，接受道德的检验。法律如果违反了道德，就不是良法而是恶法，恶法的权威性是脆弱的，难以持久的。其次，从法治和德治之间的关系来说，秦朝曾经出现过法治，但是名声很不好，中国两千多年封建社会都不怎么强调法治，一直强调人治、德治。但是客观地说，从汉朝到清朝历朝历代都在倡导德治，效果也不怎么样，德治的目标从来都没有实现过。我年轻时花时间学习过朱熹的《四书章句集注》。个人体会是，孔孟之道用来修养个人道德是非常好的，确实能帮助人成长为一个好人，一个受大家欢迎的人。但是，它作为治国的策略是不利于激发个人创造力，不利于社会发展和进步的。两千多年的封建历史已经证明，德治是失败的。我们党现在讲依法治国与以德治国相结合，实际上是区分了先后和轻重的。依法治国是党领导人民治国的基本方略，以德治国则没有上升到这个地位和高度。从“依法”与“以德”的字面上来看，也可以发现它们在国家治理中的地位是不同的。但是，这并不意味着否定道德的崇高地位，也不是反对道德具有更大的权威性，只是说在国家治理中，法律比道德更具有确定性，法治比德治更具有可靠性。

中国式现代化视域下的腐败治理体制改革

周长军

周长军，山东大学特聘教授、博士生导师，山东大学法学院院长、法学院（威海）院长、交叉法学研究院院长，山东省法学会监察法学研究会会长，最高人民检察院检察基础理论研究基地山大检察理论研究中心主任。兼任山东省委法律顾问、山东省纪委监委法律顾问等。教育部新世纪优秀人才，国务院政府特殊津贴专家。主要从事刑事诉讼法学、监察法学研究，出版《刑事裁量权论》《监察调查的法治逻辑》等著作，在《法学研究》《中国法学》等期刊发表论文120余篇。获教育部第八届高等学校科学研究优秀成果（人文社科）二等奖、全国优秀教材二等奖、山东省社会科学优秀成果一等奖等多种奖励。

我和大家今天晚上交流的题目是“中国式现代化视域下的腐败治理体制改革”。腐败治理体制改革是国家层面正在推进的一项重大的政治体制改革，对于中国式现代化的建设具有非常重要的意义。

我交流的内容分为四部分：第一，中国式现代化与法治；第二，中国传统的腐败治理体制及其特点；第三，国家监察体制改革以来腐败治理体制的变革；第四，新型腐败治理体制的运行成效与未来课题。

一、中国式现代化与法治

第一个方面讲讲中国式现代化与法治的关系。

中国式现代化有五大特征，在党的二十大报告中有明确的概括，我简单一说，不作重点展开。第一，中国式现代化是人口规模巨大的现代化。这是强调中国式现代化的复杂性。我国现在有 14 亿人口，这么一个大国的现代化，与其他一些人口数量比较少的国家的现代化相比肯定有相当大的区别。第二，中国式现代化是全体人民共同富裕的现代化。这个是说我国现代化的一个基本追求，是实现全体人民的共同富裕。第三，中国式现代化是物质文明和精神文明相协调的现代化。现代化不仅要让人民吃饱喝足，生活富裕，还要有精神层面的现代化、观念层面的现代化。第四，中国式现代化是人与自然和谐共生的现代化。这是讲要重视环境保护和生态文明建设，对于法学学科来讲，环境法学在重点研究这个领域。作为个体来讲，每个人都要为维护人与自然的和谐共生做出自己的贡献。第五，中国式现代化是走和平发展道路的现代化。中国式现代化的实现不是靠对外发动战争，而是走和平发展的道路。以上五点是中国式现代化的特征，是党的重要文件里面明确指出的。

那么，从法治这个角度来看，中国式现代化与法治之间是什么关系？我认为可以从三个方面来理解：一是法治化是现代化的重要制度特征，或者说，中国式现代化的一个重要组成部分就是中国式法治现代化，缺乏了法治化的现代化是不成立的。现代化有很多的内容，法治是其中一个重要的制度表现。正如习近平总书记所指出的，“法治兴则国兴，法治强则国强”。这是第一个方面。

二是新中国成立七十多年来，在社会主义现代化建设深入推进的过程中，党领导人民创造了两大奇迹：一个是经济快速发展，一个是社会长期稳定。在我们这样一个大的国家，经济高速发展的同时社会秩序还能长期保持在一个稳定的状态，这是很不容易的。这两大奇迹的实现都与法治保障息息相关，或者说离不开法治的有力保障。

三是党的二十大报告对中国式现代化与法治的关系也作了精辟的论述，强调要“在法治轨道上全面建设社会主义现代化国家”，这样才能保证我们的现代化建设行稳致远。

当然，关于中国式现代化与法治的关系，还可以作更多的分析，我个人理解这三个方面是非常重要的。

此外，还需要搞清楚的是，法治实现或者法治实施与监督之间是什么关系。因为刚刚成立不久的国家监察委员会最重要的一个职能就是监督，我们后面讲中国腐败治理体制的时候也会非常多地提到监督的问题，所以需要了解法治实施与监督的关系。应当说，西方国家和中国在这方面存在一定的差别，曾担任我校校长的徐显明教授对此有精辟的分析，我觉得很有道理。他指出，西方国家法治实施的主要特征是依靠司法，强调法院的司法审查和裁判功能，而我国法治实施的特色则是特别强调监督，我们构建了以党内监督为主导、各类监督贯通协调的一个监督体系，这是我们的特色，就是体系化的监督，既有党内监督、人大监督、监察监督、检察监督，还有民主监督、社会监督，等等。我们前面讲的人口规模巨大等中国式现代化的特征，决定了我们的法治实施道路有自己鲜明的特色，不能简单地跟西方相类比，也不能简单地移植哪个国家的做法。这是需要特别注意的。

二、中国传统的腐败治理体制及其特点

第二个方面，简单交流一下我国国家监察体制改革以前的腐败治理体制及其特点。

国家监察体制改革是从2016年开始进行试点的，2018年在试点基础上全面推开。在此之前，我国的反腐败机构众多且职能交叉。首先，在司法系统中，检察机关承担了重要的反腐败职能。过去在检察院里面有三大内设机构与反腐败犯罪有关：一个是反贪污贿赂局（处、科）；另一个是反渎职犯罪机构，简称反渎局、反渎处或反渎科，级别不一样，叫法也不同；此外还有一个专门的预防职务犯罪机构。前面那两个机构的主要职能是负责侦查和打击，即职务犯罪发生以后我们怎么追诉、怎么惩治。职务犯罪预防机构则是负责开展平常的防范工作，避免职务犯罪。

其次，政府系统中也有多个反腐败机构。比如，各级政府中都有审计机构，中央叫审计署，省里叫审计厅，地方叫审计局、审计处等。再一个是监察部门，就是政府系统内部专门设置的对行政机关及其工作人员进行监察的机构。还有一个是预防腐败局，刚才讲检察院里面有职务犯罪预防机构，同时在政府系统里面也有专门从事预防腐败工作的内设机构，二者在功能上有一些交错的地方。

最后，在党的组织体系中，也存在纪检机关、不同级别的巡视组等机构。各国家机关、事业单位、人民团体、国有企业内部还有各自的纪检组长或纪检书记等，实际上承担的都是对党内腐败的预防和查处工作。

由此可见，国家监察体制改革以前的腐败治理体制具有鲜明的特点，有学者将其归纳为以下四个方面：治理系统的（政党—国家）“二元化”、治理权归属的“多元化”、治理机构多元的“分散化”、行政区划与行业系统的“区隔化”。治理系统的（政党—国家）“二元化”是

什么意思呢？就是说，国家层面的反腐败与中国共产党系统内部的反腐败呈分割状态，是二元化的。此外，腐败治理权的归属是多元化的，多元的治理机构是分散的，以及行政区划与行业系统的腐败治理是区隔的。

不过，如果具象化地来看，过去最主要的问题就是反腐败的力量过于分散，职能交叉重叠，容易互相推诿扯皮，在某种意义上影响了反腐败的成效。

对于腐败怎么防范、怎么打击，社会各界是非常关注的，也提出了很高的期许。正是在这种背景下，我国开始推行国家监察体制改革。

三、国家监察体制改革以来腐败治理体制的变革

我要讲的第三部分也是这次讲座的重点内容，就是国家监察体制改革以来腐败治理体制的变革。

党的二十大报告中有这么一段话：我们以巨大的政治勇气全面深化改革，打响改革攻坚战，加强改革顶层设计，敢于突进深水区，敢于啃硬骨头，敢于涉险滩，敢于面对新矛盾新挑战，冲破思想观念束缚，突破利益固化藩篱，坚决破除各方面体制机制弊端，各领域基础性制度框架基本建立，许多领域实现历史性变革、系统性重塑、整体性重构，新一轮党和国家机构改革全面完成，中国特色社会主义制度更加成熟更加定型，国家治理体系和治理能力现代化水平明显提高。与这段话密切相关的是，我国推行的国家监察体制改革对于腐败治理体制进行了系统性重塑和整体性重构。

关于国家监察体制改革，简单地给大家梳理一下。2016 年 12 月，全国人大常委会通过了《关于在北京市、山西省、浙江省开展国家监察体制改革试点工作的决定》，在北京市、山西省、浙江省开始进行国家监察体制改革的试点。这个试点当时是把原来检察院承担

的职务犯罪查处职能转到新设立的一个机构即国家监察委员会，按照改革要于法有据的要求，先通过全国人大常委会发布了这个文件，授权三个省市进行试点，积累经验。2017 年 11 月，经过一年的试点，全国人大常委会又通过了《关于在全国各地推开国家监察体制改革试点工作的决定》，把试点工作从三个省市推广到全国。到了 2018 年 3 月，全国人大颁布了《监察法》，在吸纳试点中积累的成熟经验和做法的基础上，建构了全新的国家监察体制。在这之前，《宪法》也做了修改。因为国家监察委员会的成立涉及《宪法》规定的国家权力架构，在国家监察委员会设立之前，《宪法》规定的是人民代表大会之下的“一府两院”制度。“一府”是指国务院，“两院”就是最高人民法院和最高人民检察院，它们都由全国人大产生，受全国人大监督，要对全国人大负责。2018 年设立国家监察委员会以后，国家权力架构就变成了人民代表大会之下的“一府一委两院”，国家监察委员会位列国务院之后、“两院”之前。

《监察法》于 2018 年 3 月颁布，2021 年又颁布了《监察法实施条例》，对《监察法》的相关规定进行了细化。《监察法》的条文并不多，共 69 条，分九章。它在性质上带有一种混合法的形态，既有实体法的内容，也有程序性的规定，还有组织法方面的条文。

概括来讲，通过修改《宪法》和《刑事诉讼法》，制定《监察法》，创立国家监察委员会，旨在改变过去反腐败领域中“九龙治水”的局面。国家监察委员会把原来的行政监察部门、预防腐败机构以及检察院中查处贪污贿赂、失职渎职以及预防职务犯罪等部门的工作力量进行了职能整合，由此从过去的多头治理变为现在由新成立的国家监察委员会来统一开展反腐败工作。

同时，大家还要注意的一点是，国家监察委员会与党的纪律检查机关实行合署办公模式，一套工作机构、两个机关名称，一体履行党的纪律检查和国家监察两项职责。现在纪委监委查处公职人员腐败行为时，对于既有违反党纪行为又涉嫌职务犯罪的，通报中一般会有某某官员“接受纪律审查和监察调查”的表述，其中的纪律审查是由党的纪律检查机关进行的，监察调查则是由监察委员会负责的，而这两个机关其实是一套工作机构。这样一来，它的功能就很强大了，可以查处的腐败范围以及可以使用的调查手段就很广。

那么，监察委员会制度是怎么来的呢？我国在创设这个制度的时候，是有一些制度层面、思想层面和理论层面的基础的。

第一个方面是中国古代发达的监察制度，这是我们创立监察委员会的重要制度来源。如果从中西对比的角度来看，我们的监察制度与考试制度都是非常发达的，也是跟西方国家有很大不同的。商务印书馆 1944 年出版的陈世材的著作《两汉监察制度研究》中就写道：“监察制度与考试制度同为我国固有之政治制度，论起源流，则监察制度较考试制度尤为古远。”我国监察制度在历史上经历了一个长期的发展过程，如果简要概括一下古代监察制度历史演变的话，可以发现有这么几个特点：一个是从监察权和行政权的关系来看，呈现为从隶属到分立的转变。也就是说，监察权最早是隶属于行政权的，后来才慢慢分化出来成为一种独立的权力。再一个是从监察权的渗透范围来看，呈现为从行政到司法的扩展，监察权从主要针对行政权，渐渐拓展到对司法权的监察。最后一个是从监察对象的变化来看，呈现为从纠绳皇帝到纠弹百官的转移。也就是说，从原来的主要针对皇帝进行监察，发展到后来的主要针对文武官员进行监察。

具体展开来说，早在先秦时期，我国就已经出现了监察制度的起源性官职，比如周朝时就创制了独立的监察机关和正式的监察官职（御史、大谏、大议等）。监察制度正式建立于秦朝。秦始皇统一中国以后，首创皇帝制度、以三公九卿为代表的中央官制和郡县制。“三公”里面就有专门行使监察职能的御史大夫，另外就是丞相和太尉。秦朝在地方实行郡县制，“郡”设守、尉、监，分别执掌行政、军事和监察之职。御史后来退出皇宫，单独成为御史台后，职权便只限于监察政府。

到了汉朝，皇权和相权就互不混淆，皇帝行使皇权，丞相行使相权。“三公”之中，仍然是由御史大夫职掌监察，而且有了独立的办事机构——“御史府”或“御史台”，监察的对象也由以前的皇帝转为政府。

隋、唐、宋时期的监察制度也有相应的特色。随着三省六部制的创建，隋、唐、宋时期逐步形成了三省并相的群相集体负责制度。唐代在中央层面创立“一台三院”的监察制度。“一台”即御史台，独立于三省六部，从行政权里面独立出来，“三院”则是指台院、殿院、察院，所以监察制度非常发达。宋朝基本上承袭了唐朝的监察制度，也设置“一台三院”，此外还专门设立了谏院，推行言谏制度。

元朝的监察制度没有中断。其中，御史台在中央层面行使监察职能，是中枢的三大机构之一，地位比前代更高；行御史台则是地方上代表中央行使监察职能的机构。

到了明清，宰相制度被取消，由皇帝直统“六部三院”。“三院”之一的都察院就是监察机构，其取代了以前的御史台。此外，废除传统的谏官制度，创立监督“六部”的独立的监察系统即“六科给事中”。清朝实行科道制与台谏合一制度，此外还有所谓督抚制度，不少机构都有监察功能。

通过对监察历史的简单回顾不难发现，中国古代的监察制度是非常发达的，相较之下，司法很弱。司法和行政的真正分开是在近代以后，沈家本组织变法修律，西方的法院制度和检察制度才被慢慢引入。

第二个方面，从理论上来讲，孙中山先生的监察权独立思想可能是一个重要的理论资源。孙中山先生提出过五权宪法的思想。他认为中国（在专制时代）也有宪法，一个是君权，一个是考试权，一个是弹劾权，不过中国的君权兼有立法权、司法权和行政权。在五权宪法的思想体系里面，除了立法、司法、行政之外，还有所谓监察权、考试权，这是在总结中国古代的考试制度、监察制度等发展历史的基础上，构建的一个思想体系。在我国台湾地区，现在就有所谓的"考试院""监察院"的设置。

第三个方面，新中国监察制度的发展经验特别是纪检机关与监察机关合署办公的做法，对于监察委员会制度的创设产生了非常重要的影响。

新中国监察制度的发展大致可以分为六个阶段：第一个阶段是创建时期。1949 年通过的《中国人民政治协商会议共同纲领》规定："在县市以上的各级人民政府内，设人民监察机关，以监督各级国家机关和各种公务人员是否履行其职责，并纠举其中之违法失职的机关和人员。"可见在当时，人民监察机关是设在各级政府内部的。1949 年通过的《中央人民政府组织法》规定，在政务院设人民监察委员会，负责监督政府机关和公务人员是否履行其职责。第二个阶段是调整时期。1954 年 9 月，第一届全国人大通过了新中国第一部《宪法》，将政务院改为国务院。根据 9 月 28 日公布的《中华人民共和国国务院组织法》，人民监察委员会改为监察部，地方设置相应的监察厅、监察局和监察处。第三个阶段是停滞时期。这一阶段开始于 1959 年监察部的被撤销。全国人大在撤销国家监察部的决议中指出，"这项工作必须在各级党委领导下，由国家机关负责，并且依靠人民群众，才能做好，因此，监察部已无单独设立之必要"，"今后对于国家行政机关工作人员的监察工作，一律由各有关国家机关负责进行"。第四个阶段是恢复时期。1986 年 12 月，第六届全国人大常委会根据国务院的提请，决定：为恢复并确立国家行政监察体制，设立中华人民共和国监察部。1990 年国务院进一步通过了《行政监察条例》。大家注意"行政监察体制"这个表述，与现在实行监察全覆盖的国家监察体制不同，当时监察部的职能局限于对行政机关及其工作人员的监察。第五个阶段是重组时期。1993 年 1 月，中纪委和监察部开始合署办公，实行一套工作机构履行党的纪律检查和行政监察两项职能的体制。1997 年 5 月，全国人大常委会通过了《行政监察法》；2010 年6 月，全国人大常委会做出了《关于修改中华人民共和国行政监察法的决定》。这一阶段对纪律检查机关与行政监察部门合署办公的探索，为目前国家监察委员会和中纪委合署办公模式的构建积累了经验。第六个阶段是发展时期。大致从 2016 年 12 月进行国家监察体制改革试点开始，直至现在。

以上是关于国家监察委员会创设的制度和思想渊源的简要梳理。下面谈谈 2018 年《监察法》的特点以及监察委员会制度的创新。

2018 年通过的《监察法》对监察委员会的性质、地位、职能、监察措施、监察程序等做了明确的规定。《监察法》的制定主要有三个方面的规范来源：一个是 1997 年颁布、经过 2010 年修正、过去一直在适用的《行政监察法》；另一个是党内法规，特别是党内法规中规定的“双规”措施，在《监察法》中用“留置”措施进行了取代；再一个是《刑事诉讼法》的有关规定，对比《监察法》关于监察委员会讯问、询问、搜查、扣押、冻结、技术调查等调查措施的规定，与《刑事诉讼法》关于侦查措施的相关规定，不难发现在很多表述上是非常相似的。当然，监察委员会调查案件与刑事侦查机关侦查案件在性质上是不同的，所适用的法律规范也是不一样的，前者遵循的是《监察法》的规定，后者适用的是《刑事诉讼法》。关于讯问、搜查、扣押、冻结等办案措施的程序规范以及律师能不能介入的问题，《监察法》与《刑事诉讼法》的相关规定存在区别甚至可能是很大的区别。比如说，监察委员会在监察调查期间，无论是调查职务违法还是职务犯罪，律师都是不能介入的，检察机关也不能进行法律监督。但是根据《刑事诉讼法》的规定，无论是公安机关侦查的刑事案件，还是检察院侦查的刑事案件，律师在侦查阶段都有权介入，会见犯罪嫌疑人以及与犯罪嫌疑人进行通信交流。又比如说，对于讯问、搜查、查封、扣押等取证工作，《监察法》规定监察机关要全过程进行录音录像，留存备查，但是根据《刑事诉讼法》的规定，公安机关侦查过程中，对于搜查、扣押、查封并不强制要求必须同步录音录像，即便是讯问活动，《刑事诉讼法》也只是规定对可能判处无期徒刑、死刑以上的案件，公安机关在讯问犯罪嫌疑人的时候需要同步录音录像，其他刑事案件则没有一律要求同步录音录像，就是可以录也可以不录。可见，《监察法》和《刑事诉讼法》关于调查程序和侦查程序的规范是有不同的，有些是这个法规定得严格一些，有些是那个法规定得严格一些。

伴随着《宪法》的修改和《监察法》《监察法实施条例》的相继颁布，创设了监察委员会制度，也创新了我国的腐败治理体制。其创新性主要可以从以下几个方面来理解。

第一个方面是监察委员会的性质。《监察法》规定，各级监察委员会是行使国家监察职能的专责机关。按照官方的表述，监察委员会是政治机关，具有很强的政治性。《监察法》同时规定：各级监察委员会依照本法对所有行使公权力的公职人员进行监察，调查职务违法和职务犯罪，开展廉政建设和反腐败工作，维护宪法和法律的尊严。大家注意“反腐败工作”的表述，这是《监察法》明确规定的监察委员会的重要任务。概而言之，监察委员会是行使国家监察职能、从事反腐败工作的专责机关，是重要的政治机关。

第二个方面是监察委员会的职责。简单概括就是监督、调查和处置三项职责。监督是纪委监委的第一职责，也是国家监督体系中的重中之重。前边讲我国法治实施的一个重要特点是体系化的监督，监察监督就是其中一种重要的监督形式，监察监督的对象是所有行使公权力的公职人员，通过监督防范公职人员违纪违法或者是犯罪。而当出现了公职人员违纪违法或者犯罪以后，纪检监察机关就需要进行调查，并根据调查结果做出相应的处置：属于违纪性质的，按照党纪进行处分；如果性质较重，构成职务违法，就要给予政务处分；如果这个行为的性质更为严重，达到了犯罪的程度，那就需要进行刑事追究，给予刑事处分。在有些监察案件中，如果被调查人的行为既违纪违法，也构成了犯罪，则可能是这三类惩戒措施都会得到适用。

第三个方面是监察体制的集中统一和权威高效。监察委员会制度的创设，通过整合反腐败力量、提高反腐败机构的位阶、强化反腐败的效能，构建了集中统一和权威高效的中国特色国家监察体制。具体而言，就是将前面讲的“九龙治水”的反腐败格局改变为目前统一由纪委监委来负责的反腐败机制，而且国家监察委员会在权力体系中的位阶很高，位于最高人民法院、最高人民检察院之前。在领导体制方面，地方各级监察委员会在同级党委和上级监察委员会双重领导下工作，且以上级监察委员会的领导为主。因而在反腐败工作开展过程中，监察委员会的抗干扰能力要强。在监察委员会内部，则坚持民主集中制原则，对于监察工作中的重要事项要进行集体研究，严格按照权限履行请示报告程序。

第四个方面是监察对象的全覆盖。《监察法》将“所有行使公权力的公职人员”都纳入监察对象，实现了监察全覆盖，从而填补了以前的行政监察范围过窄以致在监察对象上存在的空白。怎么理解呢？监察体制改革之前，党纪只能适用于中共党员，行政监察法规定的行政监察对象则主要是行政机关及其工作人员，因而非党员的村干部、国有企业管理人员等相当一部分行使公权力的公职人员，都属于无人管、不便管的对象。《监察法》关于六类监察对象的规定，填补了党规党纪和原行政监察法之间的空白。具体来讲，《监察法》第15条规定：“监察机关对下列公职人员和有关人员进行监察：（一）中国共产党机关、人民代表大会及其常务委员会机关、人民政府、监察委员会、人民法院、人民检察院、中国人民政治协商会议各级委员会机关、民主党派机关和工商业联合会机关的公务员，以及参照《中华人民共和国公务员法》管理的人员；（二）法律、法规授权或者受国家机关依法委托管理公共事务的组织中从事公务的人员；（三）国有企业管理人员；（四）公办的教育、科研、文化、医疗卫生、体育等单位中从事管理的人员；（五）基层群众性自治组织中从事管理的人员；（六）其他依法履行公职的人员。”该条列举的六类监察对象中，第一类是公务员和参公管理人员，也是重点监察对象；第二类主要是指除参公管理以外的其他管理公共事务的事业单位人员；第三类是国有企业管理人员；第四类是公办教科文卫体单位管理人员；第五类是基层群众性自治组织中从事管理的人员，包括村民委员会、居民委员会的主任、副主任和委员以及其他受委托从事管理的人员；第六类是兜底条款即“其他依法履行公职的人员”。比如说，第五类作为基层群众性自治组织的村委会、居委会委员，由于主体身份的原因，即便实施了贪贿行为，过去一般也很难查处，而现在就有了明确的监察处理依据。再比如说，最后的兜底情形“其他依法履行公职的人员”，《监察法实施条例》第 43 条将其明确为下列五种人员：“（一）履行人民代表大会职责的各级人民代表大会代表，履行公职的中国人民政治协商会议各级委员会委员、人民陪审员、人民监督员；（二）虽未列入党政机关人员编制，但在党政机关中从事公务的人员；（三）在集体经济组织等单位、组织中，由党组织或者国家机关，国有独资、全资公司、企业，国家出资企业中负有管理监督国有和集体资产职责的组织，事业单位提名、推荐、任命、批准等，从事组织、领导、管理、监督等工作的人员；（四）在依法组建的评标、谈判、询价等组织中代表国家机关，国有独资、全资公司、企业，事业单位，人民团体临时履行公共事务组织、领导、管理、监督等职责的人员；（五）其他依法行使公权力的人员。”这就将人大代表、政协委员、人民陪审员、人民监督员等人员纳入了监察对象之中，从而真正做到了监察全覆盖、无缝隙。

关于“其他依法履行公职的人员”接受监察的情况，这里举一个案例来说明。这是一个劳务派遣工涉嫌相应的犯罪被监委查处的案例。大概案情是：伍某某，曾系浙江省嘉兴市公共资源交易中心建设工程科的一名劳务派遣制工作人员。2015 年 6 月，她与第三方公司签订劳务派遣合同后，被派往浙江嘉兴市某单位担任开标评标岗工作人员，主要负责开标评标现场的见证、管理、监督等工作。2019 年 4 月，应投标老板向某所托，在开评标之前向其透露有无废标等信息，并请评标专家打高分，最终获得 3 万元好处费。自此开启了里应外合的权钱交易模式，特别是疫情暴发之后，招标单位不能进入开标现场，无法及时得知商务标抽签系数、各投标单位商务报价情况，也无法计算出商务标排名，这就给伍某提供了另外一条生财之道，以向投标老板提供投标单位、专家打分等信息为交换，从投标老板处获得巨额好处费。其违法犯罪方式就是提供一些信息，然后收好处费。2021 年 9 月，经嘉兴市监委指定管辖，嘉兴市某区监委对她涉嫌严重违法犯罪问题立案调查并采取留置措施，10 月，她的劳动关系被解除，12 月，法院以受贿罪判处她有期徒刑六年六个月，并处罚金六十万元。你看，她的身份就是一个劳务派遣工，但也构成了受贿罪，也受到了监察委员会的调查和责任追究。

第五个方面是党纪、职务违法和职务犯罪的一体查处。《监察法实施条例》规定，监察机关与党的纪律检查机关合署办公，执纪执法贯通，实现依纪监督和依法监察、适用纪律和适用法律的有机融合。从这条规定中不难看出，纪检监察机关对党纪、职务违法和职务犯罪的一体查处，实现了依规治党与依法治国的有机统一、党内监督和国家监察的有机统一，解决了过去纪、法中间存在的犯罪有人管、违法无人问的问题。

第六个方面是监察体制改革以后“严而不厉”的腐败治理政策理

念。对于腐败治理,古今中外大致存在四种不同的政策理念:“厉而不严”“严而不厉”“不严不厉”和“既严又厉”。“厉”是指惩罚后果的严厉性,“严”则是指法网规制的严密性。在我国,国家监察体制改革特别是党的十八大之前,腐败治理实践中遵循的是“厉而不严”的政策理念。一方面,重视对职务犯罪的查处数量和惩罚力度,强调“重拳反腐”和刑罚威慑。另一方面是,对轻微腐败行为的关注和惩罚不足,“漏网之鱼”多,以至于办案实践中,有因职务犯罪被查处的官员不仅不反思自己的罪过反而质问办案人员“满地跑的都是兔子,为什么只抓我一个?”

国家监察体制改革以来,我国的腐败治理实践从“厉而不严”向“严而不厉”的政策理念转变。从过去比较偏重对职务犯罪进行“治标”性的惩治和打击,转向“治标”性的打击与“治本”性的预防相协同,“打虎”“拍蝇”“猎狐”同时发力,“正风肃纪反腐”系统施治,对实施违纪、职务违法和职务犯罪的监察对象一律查处。一方面,将反腐败的端口前移,重视党纪在预防和治理腐败上的关键作用,“抓早抓小、防微杜渐”。根据相关调研,现实中查处的大多数严重职务犯罪官员,普遍都有一个从小贪小腐到大贪大腐,再到巨贪巨腐的演变过程,其早期的腐败行为由于恶性小、程度轻,具有一定的隐蔽性,因而常常被忽视或者放纵,以至于当其因职务违法犯罪行为被查处时,往往已“中毒较深”,失去了从“好同志”向“阶下囚”转变的阻断时机。因此,强化日常性的党纪监督,纪挺法前,违纪必究,执纪必严,避免轻微腐败行为的恶化,争取用纪律管住大多数公职人员,促使监察对象形成不想腐和不愿腐的自觉。另一方面,对腐败分子实行“自查从宽、被查从严”政策,鼓励有违纪违法行为的监察对象自首、坦白和立功,坚持“惩前毖后、治病救人”的工作原则,推动惩罚轻缓化,严格控制死刑适用,即便要判死刑也尽量判死缓,给犯罪人一个改过自新的机会。这方面最主要的体现是,纪检监察机关构建了从党纪处分到政务处分再到刑事处罚的阶梯型问责方式，简称监督执纪“四种形态”。第一种形态是经常开展批评和自我批评、约谈函询，让“红红脸、出出汗”成为常态；第二种形态是党纪轻处分、组织调整成为违纪处理的大多数；第三种形态是党纪重处分、重大职务调整的成为少数；第四种形态是严重违纪涉嫌违法立案审查的成为极少数。在实践中，纪检监察机关强化运用“四种形态”中的前三种形态，对于部分介于第四种形态与第三种形态之间的案件，在满足相应条件的情况下，更多地以第三种形态做出处理，从而将第四种形态控制在很小的比例。据统计，目前查处的公职人员因“严重违纪涉嫌违法立案审查”的案件比例大概只有 3.50％。也就是说，纪检监察机关每年查处的公职人员违纪违法犯罪的总数量尽管很大，但是真正按照第四种形态特别是按照职务犯罪做出处理的占比很小。这样一来，能够有效地防范党培养多年的一个好干部突然一下子就因严重犯罪成为“阶下囚”的两极化现象。

第七个方面是调查手段的法治化和多元化。国家监察体制改革以后，一方面用留置取代了过去的“双规”措施，另一方面是纪委监委的调查手段比过去更丰富了，整合了党内的违纪查处手段、职务违法查处手段和职务犯罪查处手段，纪委监委有权采取谈话、讯问、询问、查询、冻结、搜查、调取、查封、扣押、鉴定、勘验检查、留置、技术调查、通缉、限制出境等十多种调查措施。

四、新型腐败治理体制的运行成效与未来课题

最后一个内容是新型腐败治理体制的运行成效和未来课题。

关于新型腐败治理体制的运行成效，党的二十大报告中有这么一段话进行了总结：我们开展了史无前例的反腐败斗争，以“得罪千百人、不负十四亿”的使命担当祛疴治乱，不敢腐、不能腐、不想腐一体推进，“打虎”“拍蝇”“猎狐”多管齐下，反腐败斗争取得压倒性胜利

并且全面巩固，消除了党、国家、军队内部存在的严重隐患，确保党和人民赋予的权力始终用来为人民谋幸福。其中的“反腐败斗争取得压倒性胜利并且全面巩固”，就是对国家监察体制改革以来在反腐败方面取得成效的高度评价。

在这一段中，还有两句话应当加以关注。一句是“不敢腐、不能腐、不想腐一体推进”。“不敢腐”的实现主要是通过惩戒和威慑，强化监督问责，严厉惩治腐败，使有潜在腐败意图的公职人员不敢去腐败。“不能腐”的实现主要是通过健全法治，扎紧制度的笼子，有效控制和监督权力，让权力的行使者即使想腐败也没有空隙可钻。“不想腐”的实现就要靠教育了，对公职人员加强法治教育和道德教育，弘扬中华优秀传统文化，使其端正权力行使的态度，坚定为人民服务的意识，不想去腐败。还有一句话是“‘打虎’‘拍蝇’‘猎狐’多管齐下”。“打虎”就是对领导干部特别是职位比较高的领导干部的腐败行为进行惩治。“拍蝇”则是对那些群众身边的、职位不高的公职人员的腐败问题和不正之风予以整治，比如村委会、居委会层面的公职人员腐败，等等。“猎狐”就是对于逃匿境外、涉嫌腐败犯罪的公职人员的追诉和打击。有研究指出，党的十八大到十九大的五年间，共立案审查省军级以上的党员干部及其他中管干部 440 人；党的十九大到二十大的五年间，中央纪委、国家监委立案审查调查中管干部 261 人，经过持之以恒的努力，腐败严重程度大幅下降，与十年前相比发生了逆转性的变化。

从比较的角度看，国家监察体制改革之前，在主要由检察机关负责查处职务犯罪的时期，提起公诉的职务犯罪案件数量相对较多，但查处的腐败官员级别大多不高，“打虎”方面的力度相对要弱。在过去，查处一个省部级干部是非常少见的，但现在就不时可见了，比如最近媒体披露的第十三届全国人大财政经济委员会原副主任委员、贵州省委原书记孙某刚被查等等，彰显了当下的反腐力度之大，也反映了国家监察体制改革以来所取得的突出成效。

当然，中国式现代化也好，反腐败工作也好，一直在路上。在新的时代背景下，我国的腐败治理体制需要与时俱进，不断完善。在这方面，我觉得有两点相当重要：第一点是怎么样更好地健全党对地方监察委员会的领导体制，这涉及比较大的课题，我就不再展开。第二点是纪检监察机关合署办公模式下监察调查程序的完善。在纪委监委合署办公的背景下，监察立案往往与纪委立案同时进行，此后的调查活动就有可能是党纪调查、职务违法调查和职务犯罪调查一体进行。如何在调查手段、调查程序上更好地进行设计和运行，平衡好高效反腐和法治反腐之间的关系，还有许多需要研究的问题。这有待于包括在座同学在内的年轻学子们在未来的学习中进行思考。

时间关系，我就讲到这里，不足的地方请大家批评指正。谢谢！

[提问]：周院长您好，咱们今天的主题是“中国式现代化视域下的腐败治理体制改革”，我的问题是：目前我们倡导国际反腐败机制的构建，其中一个方面涉及“一带一路”沿线国家。关于“一带一路”沿线国家，一方面是它的地域跨度大，不同国家和地区的法治文化差异较大，也多为欠发达地区和国家，其中，拉丁美洲和中东地区属于腐败的高发地区，索马里、也门等国家也被多次评为世界最腐败的国家。而我国倡导的“一带一路”反腐败机制目前仍然有一些国家没有加入我们的倡议，或者说加入倡议之后是否去落实了也不确定，并且有些地区的政权更迭比较频繁，长期处于动荡，整个大环境导致我国可能会有很多的腐败人员往“一带一路”沿线国家逃窜。在国家监察体制改革之后，我国是否有更好的方式去应对更加复杂的反腐败问题呢？

[周长军]：客观来讲，对这个问题我思考不多。为什么呢？因为这个问题主要涉及国际司法合作的问题，比如说引渡或者是国家之

间在打击犯罪方面的一些合作。涉及“一带一路”的，现在比较多的被提及的相关话题是廉洁合规。企业要走出去，参与国际市场竞争，在这个过程中需要加强廉洁合规的建设。你刚才问的这个问题是从另外一个角度，就是说有一些实施了腐败犯罪的公职人员可能会逃到外国特别是“一带一路”的沿线国家，如果该国与我国之间有相关的公约或者双边条约，在打击腐败犯罪方面就能很好地合作，相互提供帮助，比如遣送外逃的腐败官员。但如果没有，或者说有些“一带一路”国家还未参与我国的反腐败倡议，就存在合作上的困难。寻求解决对策，可能更多是需要进行外交方面的努力，通过外交协调，加强我国与这些国家之间在打击腐败方面的合作，包括签署相关的条约或协议，但这主要不是国内法的问题。

我在前边提到的国家正在实施的“猎狐”行动，其实就是对外逃腐败官员的打击活动。此外，国家目前也出台了不少相关规定，采取了很多的努力，防止腐败官员把贪污或受贿所得转移到国外。比如《刑事诉讼法》2012 年修改时增加了一种特别诉讼程序叫违法所得没收程序，通过这种诉讼程序，将外逃官员在国内的违法所得予以没收。又如，2018 年修改《刑事诉讼法》时，为了更有力地打击外逃的腐败犯罪官员，又创设了缺席审判程序，可以在腐败官员不在场的情况下经过法庭审判，对其定罪量刑，没收其违法所得。这些都是我国在打击外逃贪官方面采取的国内法上的一些努力。这是我对你这个问题的简单回答。

[提问]：周院长您好，今天的主题是“中国式现代化视域下的腐败治理体制改革”，有一种说法是高薪养廉，认为官员的薪水够高就不会腐败了。请问您如何看待这一假说或者在中国是否有推行的可能性和前景？谢谢。

[周长军]：高薪养廉是有关反腐败的讨论中时常可以听到的一种观点。在我看来，高薪能够养廉的前提必须是有一个相应的支撑

环境。换句话讲，高薪不一定能养廉，因为人的欲望是无止境的，相对于人的欲望而言，高薪的效能是有局限的。当然，在财政可以支撑情况下，应当尽可能地对官员给予较高的薪酬，让其有尊严地生活，有尊严地工作，这应该是努力的一个方向。如果官员薪资待遇较差，自己都很难维持正常生活水平，时常为了衣食住行发愁，那么其抵抗外来腐蚀的意志就不会太强，自然容易腐败。不过，如何"高薪"，要取决于社会的经济发展水平以及社会大众的理解和认同，毕竟我们国家太大了，14 亿人，960 万平方公里，人与人之间、地区与地区之间发展是不平衡的，因而在提高工资待遇问题上比较敏感。这是第一点。

第二点，也是很重要的，"养廉"是一个综合性的工作，需要进行系统化的努力，单纯地靠增加薪资待遇，可能很难达成我们预想的状态。给官员高薪的同时，必须对官员施加相应的约束和责任。我们之所以愿意给官员提供高薪，是想让其客观公正履职，不要想着把公权力作为换取私利的工具；但如果缺乏相应的规制和责任，官员在更大的欲望驱动下，仍然可能会实施腐败行为。此外，我觉得对于养廉来讲，高薪可能不是关键。以法官为例，在有些国家，法官的工资也没有比其他的公职人员特别高，但是仍然保持普遍的廉洁状态，具有很高的社会公信力。原因是什么？值得我们思考。

我就简单地回答到这里。

对现代化的思考

张蕴岭

张蕴岭，中国社会科学院学部委员，现受聘山东大学讲席教授、国际问题研究院院长。曾任中国社会科学院亚太研究所所长，国际研究学部主任，第十、十一、第十二届全国政协委员、外事委员会委员。主要代表专著有《世界经济中的相互依赖关系》《未来10—15年中国面临的国际环境》《中国与世界：新变化、新认知与新定位》《构建开放合作的国际环境》《寻求中国与世界的良性互动》《百年大变局：世界与中国》《世界大势：把握新时代变化的脉搏》《国际区域学概论》《国际区域治理概论》等。

我今天的题目主要是对现代化的思考，大体分两个部分，一个对世界现代化进程的思考，一个是对中国式现代化的思考。

一、对世界现代化进程的思考

我们先从现代化进程来认识。对于什么是现代化以及如何开始的，在认识上还是有不同的。有的认为是从欧洲的文艺复兴开始，有的认为是从英国的工业革命开始，我自己认为从工业革命开始比较科学。为什么呢？这涉及对现代化的定义。现代化是指人类步入现代社会的进步进程。

现代化进程导致的重大转变主要体现在两个方面：其一是生产方式，主要是从农业生产方式到工业生产方式的转变。英国工业革命开启工业化生产的进程，使得工业化生产方式逐步成为占主导地位的生产方式。其二是社会制度，主要是由封建制度向现代制度的转变，现代制度主要体现在国家、社会的组织和治理方式变化。

现代化生产方式的转变带来了人类生活方式的重大的转变，这就是由乡村化向城市化的转变。农业社会的人口居住在农村，是分散化的，而工业化是大生产，人口集聚，逐步往城市移动，由此，城市化成为人类生活的一个主导潮流。城市化是生产方式转变带来的，城市化对于人类的生活方式带来重大的转变。在农业社会时代，家庭是生产、生活的基本单元，四世同堂，一代一代传递。城市化时代就不一样了，生产的分工把个人分散到不同的工作单元，大家庭没有了，几代同堂可不可能了。由此，人际关系、社会结构也发生了重大的转变。

现代国家治理的转变主要体现在政治制度的变化，由封建社会制度下的皇权治理转向宪政、共和、民主的现代制度。现代政治制度的基本特征是建立在法律基础上的国家治理。当然，各国在政治制度构建上有着很强的国别特色，与封建社会的皇权制度不同，现代政治制度呈现多样性的特征，没有一个统一的普世制度模式。

从总的看，现代化进程体现在从传统经济向现代经济、传统社会向现代社会、传统政治向现代政治、传统文明向现代文明的综合性变化过程。

现代化是一个不断发展的进程，不断发展同时又分阶段，所以不同的阶段也形成了不同的特征。现代化的进程是由欧洲引领的，因为英国的工业革命开启了现代化的进程，所以现代化首先是在欧洲来扩展的，由英国逐步扩展到其他的欧洲国家，进而向世界其他地区扩展。

现代化是一场大革命、大转变、大进步。从发展的角度来认识，最大的进步是创造了新的生产力。生产力提高的最重要价值是不仅解决了人类最基本的生活问题，同时也改善了人的综合生活环境，使人类进入了一个新的生活、生存和发展的时期。科学技术、机器的发明产生了新的生产力，创建了大规模生产方式。在农业社会是以家庭为单位的小规模生产。科学技术、机械的运用向农业部门扩展，使得农业生产机械化，向交通部门发展，使交通运输的能力得到极大的发展，构建了社会交通网络，如今又有了现代通信网络，不仅创造了新的生产力，而且也极大地改善了人的生产生活条件与环境。

欧洲引领的现代化进程有两个突出的特点：其一，欧洲国家通过战争，不断扩张，改变国家、改变制度、改变生产方式。欧洲崛起后，向世界扩张，主要是通过殖民方式，通过建立殖民制度，以强制的方式把其他国家纳入进程，成为支持其现代化的附庸。欧洲的殖民扩张极大地改变了整个世界的格局。其二，欧洲推行现代化是以欧洲中心主义的价值观来主导，替代当地的制度。欧洲人到了美洲、到了非洲，都把当地的制度消灭掉，通过殖民制度来推行新的制度。欧洲中心主义下的现代化进程就是欧洲化，衡量现代化是以欧洲标准为基线。因此，对现代化的认知逐步形成了一种“定式”，那就是“西化”。

欧洲的现代化所推动建立的是资本主义导向的，所推动建立的是资本主义制度。资本主义生产方式使生产力得到极大的提高，创造了新的财富。但是，创造的财富大都流向了资本方，作为生产者的工人从中得到的很少，生产者的生产和生活状况非常恶劣，工人成了资本的附属品，为资本增加价值。应该说，这是与人类的进步相悖的。

马克思主义就是在这种情况下诞生的。《资本论》是马克思主义的代表论说。《资本论》所要研究的大道理是，资本主义制度是不可持续的，需要一种新的制度替代。马克思主义引发了一场伟大的共产主义运动。共产主义运动的一个基本目标就是建立一种新制度，使得社会财富能够共享。

二战以后，现代化进程发生的一个重大变化是，欧洲推行的殖民制度瓦解，现代民族国家制度得到普遍发展，现代化进程建立在各国独立自主的基础之上。建立在独立自主基础上的现代化，为各国寻求符合本国特点的现代化提供了条件，可以自我选择符合本国治理方式的治理进程、发展进程，由此开启符合本国传统和现代需求的新现代化进程。

从世界的角度看，现代化发展的进程可以分为第一波和第二波浪潮。第一波就是西方国家，第二波就是“全球南方”国家。二战以后，西方国家逐步步入了后现代化。

对于“后现代化”如何认识，存在不同的观点。从工业化进程的角度，有的称之为“后工业化”。所谓后工业化，一个基本特点是，以大规模制造业为主体的经济结构向服务经济转变。后工业的结构跟原来的制造业为主体的结构不一样。西方向后工业化转变，所产生的一个效应是制造业向其他国家转移。从世界现代化进程的角度看，产业转移带来了工业化的扩散、科学技术的扩散和管理知识的扩散，使得接替国家加快了经济现代化的过程，推动了第二波现代化浪潮。第二波浪潮的特点是，一方面，参与规模大，另一方面，参与者增进了自主性。第一波现代化主要由欧洲扩大到北美，无论是参与国家还是参与人口，都不占世界多数，但第二波就不同了，扩及世界大多数国家和大多数人口。

出于多方面的原因，第二波现代化出现了很大的不平衡。不平衡主要表现在三个方面：一是国家间的不平衡，一些国家被边缘化；二是国家内部不平衡，一些地区、群体被边缘化；三是财富的积累不平衡，增加的财富向少数人和群体集中。

后工业化下的产业转移有利于后发国家加快工业化的发展，但是同时也造成了很多的问题。发达国家转移的是落后产能，转移到后发国家，转移者为了降低成本，不进行升级改造，接受者也没有资金去治理，由此导致落后产能的规模扩张，导致环境生态问题。我们看到，后发国家现代化加快的过程，也是全球环境恶化最严重的过程。在这种情况下，人类对现代化开始了新的反思。反思在两个层面进行：在国家层面，主要是反思需要什么样的现代化，如何推进更好的现代化；从全球层面，主要是反思一些根本性的问题，比如传统工业化的范式问题，特别是面对全球生态危机，是否需要对现代化进行重新定义。

后发国家通过学习西方现代化的经验，吸收接替来自发达国家的生产方式实现了经济的快速发展，但现在发现这条路走过来问题很大，走下去问题更大。传统现代化范式向世界的大规模扩展，出现了越来越多的全球问题、区域性问题、国内问题。在全球层面、区域层面和国家层面，都采取了很多措施，力图纠正现代化进程中出现的问题，但是，仅仅纠偏并不能解决根本性的问题。

从发展的角度看，20 世纪 60 年代出现了能源危机的问题，70 年代出现了环境生态危机问题和可持续发展的问题，80 年代出现了气候变化的问题。气候变化是最大的危机，通过艰苦的努力，国际社会达成了《东京议定书》(联合国气候变化框架公约),到了2000年以后,气候问题变得更为严重,推动签署了应对气候变化的《巴黎协定》。

气候变化所体现的是综合危机,实际上是以工业化模式主导的现代化危机。气候变化导致地球整体生态恶化,据研究,气候变化导致的地球生态还在负能量运转。气候变化,即地球危机,使我们不得不从根本上定位现代化,人类必须重新思考、规划和推动现代化运动。

2019年我主编出版了《百年大变局:世界与中国》一书,该书卖了几十万册,说明大家非常关注大变局的问题。百年大变局的重要之变是世界大力量对比格局的变化,而大力量对比的变化最主要的体现是非西方国家的群体崛起。工业革命开启的现代化逐步形成了西方国家主导世界的格局。如今,这个大格局发生重大转变,从经济总量看,以GDP计算的总量,非西方国家已经接近世界的一半,如果按照购买力平价计算总量,非西方国家已经超过一半。这个转变的重要含义是,非西方国家越来越有诉求和能力探索非西方的现代化道路。这个转变与人类面对气候变化需要转变的大趋势相契合,因此,这为开拓新的现代化进程提供了新的动能,也就是说,非西方国家需要且有可能在创建新现代化上发挥主动性的作用。

发展范式的转变是百年大变局的重要内容。所谓发展范式,主要是指生产方式。由英国工业革命开启的生产方式的主要特征是现代制造业的发展,而现代制造业的核心是开发和利用地球物态资源。以开发和利用地球物态资源为主导的现代经济发展带来两大问题:一个是在开发过程中产生了大量的负面效应,除了污染,还有生态的不平衡;另一个是地球的不可再生物态资源越来越枯竭。由此,传统发展范式不可持续,必须发生根本性变革,必须走可持续的新发展范式。如前所述,气候变化是传统生产范式发展的结果,应对气候变化的根本措施是创新发展范式。以前，对于气候变化的认识还有争议，有人认为，它可能是地球生态自身的一种自然循环，是一种周期性自然变化，不是人类活动的结果。如今，大家的认识似乎比较一致了，气候变化是人类活动的结果，而人类活动的主要方式是传统工业化发展和扩张，来自传统的发展范式，即由工业革命开启的以开发利用地球物态为主导的经济现代化过程。

如今，我们正在进入新科技革命时期。这场科技革命与之前的科技革命有着根本性的不同。以往的科技革命的重要特征是机械化、自动化，有助于传统生产范式的发展和扩张。因此，科技越发展，生产的效率越高，开发和利用地球物态资源的能力也就越大，从而所导致的生态危机也就越严重。因此，从这个意义上说，以往的科技革命是导致地球生态危机的重要原因。

这场新的科技革命的核心是信息化、智能化、数字化，有助于减少物态开发与利用的方式，有助于减少对物态资源的消费，创建“非物质化”的生产与生活构成。从这个角度说，新科技革命对于改变发展范式可能是有好处的，甚至带来新的范式。以往的科技都不具备自我改变的功能，人类创造了它们，它们“服帖”地为人类服务，自动化再高，也是在现有的基础上增加。但是智能化（AI）不一样，具备了技术本身的学习和创造功能。智能化会使生产、生活方式发生重要的变革。从好的方面来讲，它会解放人，让人们能更“轻松”地从事生产和生活。我们已经开始享受到它的好处，比如智能手机在改变我们的生活方式。但是，数字化、智能化也可能带来意想不到的恶果和损害。一个方面是人被替代，变得“无所适从”；另一个方面，技术可能会被用于恶行，造成难以挽回的后果。我记得，约 2000 位科学家曾向联合国写信，要求对人工智能进行规范，制定人工智能的道德标准。比如，智能技术改变由人主导的进程，将其转向人机伙伴甚至智能导向的进程，进而使人类生活方式、生产方式、治理方式、思维方式等产生根本性的变化。好多变化可能最初不知不觉，比如说手机的利用，从打电话到现在融入几乎生活的所有部分，我们已经把它作为一个客观存在，是我们生活的一个部分。手机所含的技术就由通信技术向智能技术转变，从而改变我们的生活方式、思维方式。再比如，知识可能不再通过传统的方式传播，甚至可能不需要长的学习过程，人机伙伴关系可能会转变为智能主导，甚至改变人机共生关系的结构等。这些变化的后果还难以预测，但需要我们开始研究。

如何管理以智能化为核心的新科技革命是至关重要的，关系到我们上面所讲的新现代化进程的发展。应该说上一场现代化工业革命我们管理得不好，造成了很大的恶果，我们现在是进行治理和调整。新科技革命可能是个救星，我们原来面临的一些问题，比如说大规模的生产、大规模的资源开发可能会更快转型，原来的危机都可能得到更快更好的解决。通过人工智能技术的有效利用，我们的生活更有序、更丰富、更幸福等。

显然，认识这场百年大变局，需要联系现代化进程的转型与发展，要有长期的观察和大历史观、大战略观。中文语境的百年，是很长的意思，是一种大思维表述。如果说西方主导的现代化范式终结，面向未来的现代化它的引导力量是什么？新现代化的基本特征是什么？从经济上已经有一些新的表述，比如，新发展理念更强调绿色、生态平衡、社会共享等。我们可能需要对新现代化进行总体的认知与阐释。由旧的向新的转换不是一个旧的戛然而止，立即终结而转向另一个新的进程。转变需要相当长的时间，所以就会出现新和旧、开放与自主、传统与现代、特色与普适之间等诸多交织、竞争、替代的矛盾和平衡。在这样的情况下，如何减少和避免脱节、崩塌，逐步克服旧的弊端，不断增加新的内容，实现各国的、全球的现代化进程有序转换与协同发展至关重要。

我们能否实现稳定的转变呢？如果认知到位，措施得当，开展协同共进，也许可以。现代科学技术、信息化、自动化、智能化的扩散能力很强，扩散的范围、广度深度、空间很大。数字化、信息化具有超地缘的特征，在很多情况下是空间布局，因此，需要新的合作机制，包括全球治理机制、区域合作机制等。如果做得好，有可能要比以往的进程好。

谈到现代化的转型，还有一个重要问题需要研究和进行深刻认识，就是从地球可持续的认知出发，必须改变“以人类为中心”的现代化进程。自从工业革命开始之后，所有认知的都主要是“以人类为中心”，一切都是为了增加人类的财富，把所有的地区资源都为人类所用，其结果，导致地球生态失衡，非人类物种存续的环境恶化。面对全球危机、地球危机，需要改变“以人类为中心”的现代化认知与设计，创建地球生态平衡和持续的现代化。我在多个场合也发表文章，接受记者采访，提出了合作文明、共守文明的问题。我们现在的文明史，都是“以人类为中心”，以国家（古代国家与现代国家）为本位的文明叙事，世界文明是个性文明的集合。所以面对全球危机和地球危机，我们不仅需要走出“以人类为中心”的文明认知，也需要走出以个性为主体的文明认知，需要开启一个新的文明，新文明的核心特征是共处、合作、共守。共处就是人类与地球其他物类和谐共处，合作就是各国需要合作共进，共守就是共同遵守规则、承担责任。因此，我们讲新现代化进程，需要从思想、文化、文明上有新思维、新行为。基辛格所著的《人工智能》一书，主要不是讲技术本身，而是谈到人工智能的哲学问题，研究人工智能所引起的新哲学问题，也就是说要有新文明的构建。

二、对中国式现代化的思考

中国式现代化已经成为中国新现代化进程的一种定位。回顾一下历史，中国近代衰落，上个世纪初中国觉醒，开始探索中国现代化的道路。清朝后期开始学习西洋，建立现代军事和制造业。日本比我们早一点，其实中国开始得也不晚。中国的现代化探索受到了制度的制约，而日本进行了制度革命。民国时期提出了德先生、赛先生的问题，现代化讨论不仅涉及技术，也涉及政治、制度建设。中国推翻清朝封建制度，建立了共和制制度，就是中华民国。中国共产党领导的革命学习苏联，建立了社会主义制度，是中国现代化的一个新的探索。

为什么发生制度变革呢？原因是中国学习西方制度，建立民国政府，没有解决中国的问题，也就是说以西方为模板的制度没有走得通，出现了中国的共产主义革命，转向学习苏联，建立社会主义政治制度。

不过，苏联式的制度在中国的实施，其弊端暴露得也比较充分，这促使中国探求符合中国特色的发展道路。1978 年，当时苏联还在，中国就开始走自己特色的发展道路，开始实施改革开放政策。改革改什么？就是改苏联式的计划体制。开放什么？开放就是主要向西方开放，参与国际市场和体系。这个改变很成功，使中国的经济得到快速发展，在发展进程中，也开始进行政治、社会的改革，建立符合中国国情的社会主义市场经济体系和国家治理方式。

中国对现代化进行的新探索坚持了自主性、主动性和开放性的原则。中国在坚守中国基本政治制度的前提下，深化改革开放，没有像苏联那样发生制度解体。在坚持基本政治制度的前提下，敞开大门向西方学习，加快发展，加速了经济、科技的发展，提升了社会政治治理的现代化水平。

回顾近代以来中国的现代化进程，核心的问题是如何对待西方。早期，中国就提出“中学为体，西学为用”“古为今用，洋为中用”，核心是学习借鉴外国，为我所用。实施改革开放以后，国内也有过关于是走“黄色”还是“蓝色”之路的辩论，“蓝色”就是走西方道路，“黄色”是坚守中国本体，后来，也有关于“威权和民主”的辩论，涉及中国到底是威权还是民主的认知。其实，核心的问题是要不要和如何坚持中国特色。中国特色的明晰定论就是不走“全盘西化”的道路，不拒绝向西方学习、借鉴，但是不抄袭西化模式。中国特色否定了现代化就是西化的基本定式。我认为，这是中国式现代化定位的基本原则。

从发展的角度，中国早就提出引进、消化、吸收，坚持建立自己的自主工业体系。建立自主工业体系，就是在跟苏联关系好的时候提出的，只是那时受到能力和环境的限制。改革开放以后，中国加大了开放引进力度，一直强调引进、消化、吸收。尽管基于基础和能力，开始主要是学习、模仿，但是，随着能力提升，提升了自主研发和制造的能力。如今，在许多领域，中国都具有自主创新能力。最新的例子就是电动车，不是“弯道超车”，而是开辟新道。

面对传统发展方式出现的问题，中国提出了科学发展观。科学发展观就是在量和质的发展上建立平衡，推动数量导向的增长到质量导向的增长。后来，中国提出了新的发展理念。新的发展理念又在改变传统发展方式上前进了一大步，重在从整体上构建可持续的创新发展方式。还有一个问题就是现代化为了谁？如果现代化不能使社会公众从中受益，创建的财富不能由社会合理分享，就必然会产生严重的矛盾和冲突。中国实施改革开放后，邓小平曾讲过，如果改革开放导致大多数人没有享受成果，那就说明它错了。面对快速发展中的财富极化、地区发展不平衡等问题，我们先后提出许多政策，最近又强调实现共同富裕的问题。

中国是一个大国。大国现代化和小国现代化的影响不同。中国作为一个大国，成功和失败都会对地区和世界产生重大的影响。如今，中国不是考虑败的问题，而是考虑强的问题，即强起来之后要走什么道路。改革开放以后，邓小平反复强调中国不称霸，永远不称霸等。中国明确提出，不走传统大国崛起的道路，要走和平发展的道路。什么叫传统大国崛起的道路？从过去的历史来看，大国崛起必然去争，去斗，去抢，欧洲崛起后在世界殖民。我们身边邻国日本，在强起来之后就与西方大国争霸，扩张，把西方赶出亚洲，搞自己主导的“大东亚共荣圈”。中国不走传统大国崛起的道路这个定位是清楚的，也是坚守的。我国明确提出“做世界和平的建设者、全球发展的贡献者、国际秩序的维护者”，这三个“者”就是中国最新的，也是最清晰的定位。中国提出共建“一带一路”倡议，构建人类命运共同体，提出全球发展倡议、全球安全倡议、全球文明倡议等，都是践行中国做新型大国的誓言。构建人类命运共同体，没有一个大国这样提。什么叫人类命运共同体，本质上就是共处、共生，合作共进。大家同处一个地球，需要共建合作文明，共守文明。人类命运共同体既是一个理念，也是一种行为，不是空喊，而是具有丰富的内容。

中国提出中国式现代化，这中国现代化进程的一个重要的转折点。我们探讨了这长久，也进行了这么多的改革，最后很明确了，现代化必须继续推进，这是一个不应间断的进程。中国式现代化是一个新的定位。经过百年的摸索，我们最终对现代化的总结是什么？我看可能就体现为中国式的现代化。现代化是方向，必须走中国式的道路。我之所以说是一个新定位，主要是指要从进程、目标、内容、方式上进行新的设计和推动。从发展上，我强调两点：一个就是必须要实现共同受益，实现共同富裕，不能让现代化使一部分人穷了，一部分富了，大多数人不能享受现代化成果。另一个是走新型大国的道路，推动构建人类命运共同体，维护和建设一个共生的地球。中国式现代化是中国人奋力做，但不是封闭的，关起门来搞不成现代化。

中国式现代化不是一个既定的模式，而是一个基本定位，一种有中国特色的现代化方式，一个新的发展进程，需要在进程中不断探索、创新。有外国朋友问我，什么是中国式现代化的模式？我的回答是，中国式现代化不是一个模式，而是一种基于中国国情的认知和定位。认知与定位的核心是探索与实践符合中国历史、现在和未来的现代化进程。现代化进程不仅包括经济,也包括政治、社会、文化和对外关系,是全领域的、全过程的。

中国作为一个大国,其道路选择与行为方式具有重要的世界影响和意义。总的来说,具有两层意义:其一,我们成功的经验或者说好的经验能够为别人所借鉴。中国不要求他国都走“中国式道路”,而是根据自己的国情学习借鉴。其二,做新型大国,为创建一个更好的世界发挥积极的和引领性的作用。

重要的是,我们讲中国式现代化,必须考虑历史的经验教训,必须面对百年大变局的现实,必须考虑创建更好的现代化方式与道路,从根本上说,中国式现代必须面向未来,推动共建中国的和世界的更好的未来。

竞争与创新
——实现高质量发展的必经之路

林　平

林平，美国明尼苏达大学经济学博士，山东大学讲席教授，山东大学经济学院院长，国家自然科学基金重大项目“数字经济反垄断理论与政策研究”总负责人，中国经济体制改革研究会理事，中国工业经济学会竞争政策专业委员会顾问。曾任国际竞争网络(International Competition Network)香港非政府顾问，香港行政上诉委员会委员和香港电讯行业竞争上诉委员会委员(均为香港特首任命)，香港经济学会会长，香港政府研究资助委员会评审组专家。主要研究领域包括产业经济学、反垄断与竞争政策和创新经济学，研究成果发表在 *Journal of Economic Theory*，*International Economic Review*，*Journal of Financial Economics*，*Journal of International Economics*，*Journal of Development Economics*，《管理世界》、《经济学》(季刊)、《中国工业经济》等国内外顶级学术期刊；英文论文在 Google Scholar 上累计被引用 6820 次；连续三年入选爱思唯尔(Elsevier)“中国高被引学者”(Highly Cited Chinese Researchers，2021，2022，2023)。

引　言

此章节主要分享一下我对竞争和创新的理解，尤其是在当前国策，即中国式现代化这个大背景下，分析竞争和创新的作用或者角色。

经济学在中国式现代化的进程中发挥着重要的作用。经济学属于社会科学的一个主要分支。它之所以属于社会科学，是因为它研究人的行为、个体的行为，包括整个经济系统的宏观经济的行为。人的行为是广义的，包括消费者的行为（例如消费、搜索、择业等），厂商行为以及政府行为。在过去40多年里，改革开放是中国经济在世界上的、人类历史上的奇迹，政府于其中发挥了关键的作用。在下一步中国式现代化的过程中，即高质量发展的下一个新阶段里，新格局下政府该如何助力经济发展是非常具有挑战性的研究问题。

经济学是研究资源配置的学科，资源包括劳动力、土地、资本，现在又包括数据要素。经济学研究的是人怎么做决策，企业怎么做决策，政府怎么做决策（包括决策的制定和监管），在整体之上会研究机制怎么设计。关于当今所讲的新质生产力，我个人认为国家发展新质生产力主要是依靠市场竞争，依靠市场主体企业的创新，所以本章节的主题是竞争和创新。

我们首先关注创新活动的概览以及我国创新活动的框架，之后我们分析创新活动依赖的影响因素有哪些，然后是竞争的理念以及丰富的经济学含义，最后聚焦政府的作用。

一、创新活动概览

党的二十大提出科技是第一生产力、人才是第一资源、创新是第一动力。以前我们国家的策略当然也强调科技、人才和创新，但党的二十大是第一次把三者集中论述作为国策。我们各个院校大学、人才培养基地、科研基地、社会服务的主力军都是围绕着这三个方面进行建设。当下的科技攻关面临关键技术领域的"卡脖子""攻坚战",需要依赖创新攻克"卡脖子"领域的一些难点。

我理解的创新是过程和成果的创新,经济学家讲究资源配置的过程。如果是从科技创新、科技发展的角度来讲,新中国成立以来大概经历了四个阶段,第一个是20世纪50年代到60年代,第二个是60年代到70年代自力更生阶段,第三个是70年代末期到80年代开放引进阶段,即所谓的以市场换技术,全世界都知道中国的改革开放是以庞大的市场来换国外先进的技术,第四个就是五六年前刚刚开始的,大国竞合背景下怎么攻克关键技术领域的阶段,里面一个关键词就是新型举国体制。

专利包含三种形式:发明专利、实用新型专利和外观设计专利。发明专利是三种专利里质量最高的,整体来讲数量是上升的,所占比例较十年以前也是上升的,最高曾达39.90%,最近几年有些下降,由于疫情,最近两年的占比可能下降得更多一些,但是数量总体来讲是上升的。在国际上,按专利数量来讲,2020年中国专利申请的总量是超过美国的。如果是看公司的专利申请数,我国许多公司的专利申请数量已经进入国际专利申请数的前十名了。

当前创新活动的背景大致如此,即使这样,中国与美国作为全球两大经济巨头,其经济体量之庞大与增长势头之强劲,使得两者之间的竞争愈发激烈。两国间的竞争使用了多种手段,包括经济的、政治的、金融的、外交的等等。

二、创新的影响因素

下面讲创新活动的主要因素。

第一个因素,科学家。

提到要创新,科学家是非常重要的。苹果的创始人乔布斯有一句名言叫“Stay hungry，stay foolish”，一种翻译是求知若渴，“stay foolish”就是大智若愚。我觉得另外一个翻译更贴合他的原意，第二句“stay foolish”可以认为讲的是创新要坚持走自己的路，不要怕别人笑话，坚持自己的创业之路，坚持自己的创新之路。“stay foolish”，在别人眼里是“foolish”，但坚持创新，这是讲一种精神。所以乔布斯创新发明了苹果手机，实现了从0到1的创新。“发明是百分之一的聪明加百分之九十九的勤奋”，这是爱迪生的名言。达·芬奇既是艺术家又是科学家，还曾设计过飞机。

华为是我们国家创新创业的杰出代表企业，在全世界都是领先的。任正非先生讲过这样一句话，我觉得这句话对创新非常重要，他讲人才生态链，“一杯咖啡，吸收宇宙能量”。“一杯咖啡”主要是讲两个层面：一个是在企业里面，给招聘的科研人员、数学家、物理学家、计算机科学家一个宽松的环境，让他们没有压力，喝着咖啡上班、聊天，然后在此过程中吸收宇宙能量，得到创新灵感。我理解这是一个层面。另外一个层面是讲整个生态。华为内部，华为和整个行业，手机行业，竞争对手之间，上下游企业之间，他们的科研人员、研发人员经常在一块吃饭、聊天。产业经济学里面有一个词叫“技术溢出（Technology Spillover）”，技术溢出对创新非常重要。通过吃饭、聊天都可以实现“技术溢出”。

我曾阅读过一篇由两位经济学家撰写的文章，其内容颇为引人入胜。他们通过实证研究方法，巧妙地将两组数据进行了匹配分析。第一组数据聚焦于美国加利福尼亚州各地（包括各县，其规模相当于或大于我们的市级行政区）星巴克咖啡店的分布情况，这些咖啡店的具体位置，从地图上的经纬度到所在县、城市及街道，乃至数量，都被详尽记录。另一组数据则涵盖了美国各地、各县的专利申请数目，特别是企业层面的专利申请情况。这两位经济学家利用这两套地区分布数据——咖啡店分布与专利申请企业地理分布，并结合时间维度与面板数据，进行了深入的回归分析。他们惊人地发现，当一个县的星巴克新店数量增长10%时，该县的专利申请数量竟会随之增加4%—6%。此外，咖啡店增长较快的县，其专利的平均质量也呈现上升趋势。同时，这些地区的公司合作专利数量、专利申请量以及公司间的合作频率均有所增加。联想到我们当前的校园环境，咖啡店的分布似乎略显稀疏。而未来在龙山校区，或许会有更多的空间，就可以建设咖啡店了。特别是体育场周边，无疑是一个理想的选择。一个舒适的环境、一个和谐的生态以及放松的心情，对于促进知识交流、实现知识溢出至关重要，而这正是创新得以孕育的重要土壤。

第二个因素，法律体系。

创新、专利、发明、版权、软件、电影、小说，以及新材料、芯片、新汽车等这些都需要知识产权保护，如果没有知识产权保护的话，创新成果被别人免费模仿、抢去，就会降低投资创新的意愿。世界上最早的知识产权保护法是1474年威尼斯出台的《专利法》，这是有记载的人类历史上最古老的专利法，距今500多年。我们国家的《专利法》是1985年出台，(距今)才40年。1474—1788年的300年间，当时申请的专利大概有2000项；2014年，国家专利局仅当年就收到了61万多项专利申请。

在发达国家，英国《专利法》是1624年出台，英格兰是第一个拥有法定专利制度的国家。按照当时的规定，如果开发了一个新产品、新药、新材料，申请专利批准后法定垄断年限不得超过14年。随着经济的不断发展，时间的强度、浓度是不一样的。现在国际上的专利保护大部分都是20年。美国自1776年建国以后，专利保护是17年，在近20年之前改成20年，多了3年的专利保护，这对美国的企业是非常有利的。

1985年，我国《专利法》第一天生效的时候，大家在国家专利局门前排长队申请专利。因为在此之前几十年我们国家没有专利的概念，所有的发明都是单位的，都是国家的，都是工厂的，都是公家的。虽然没有《专利法》，但是在几十年的过程中好多公司的技术人员、热爱科研的人员在工作之余自己发明了一些东西，现在终于有《专利法》了，大家排队争取第一个拿到申请，就可以拿到专利。

申请专利的两种不同规定体现了经济学原则。第一种是我们国家的规定，谁先申请谁拿到专利；第二种是美国法律的规定，谁先发明谁先拿到专利。相比第二种谁先发明的规则，第一种的“first apply”规则可以鼓励大家踊跃申请，这样有利于技术的推广。

美国的Bell公司，现在叫AT&T电话电报公司。1790年美国第一部《专利法》公布以后刺激了发明，1876年贝尔先生发明了电话，申请了有线电话的专利，只比他的竞争对手早发明几个小时。贝尔就是Bell公司的创始人。我们经常用的“Hello”，英文里面原来是没有这个词的，贝尔先生发明电话之后，才引入了这个词。就像Google，以前也不存在，现在它也是一个普遍使用的词。在这之后，一些互补性的专利开始出现，如电话开关。这种现象跟现在的数字经济、人工智能发展背后的逻辑有很多相似之处，有一项发明以后就会促进互补产品的发明。有了电话就需要接话员插线，需要交换机来替代接线员提高效率，于是美国一位先生发明了自动的电话交换机。所以，美国一百多年前的《专利法》对其电信行业的发展乃至如今都起到了非常重要的法律作用。

当一个专利到期以后，14年也好，17年也好，20年也好，特别是专利药到期以后，同类产品的其他药都会进入市场竞争。所以专利设计保护是20年的有限期是有道理的。专利不是永远被保护，不像你的车、你的房子、你的电脑永远是你的，而是给你有限的保护。这个专利的保护期足够长，使得大家有钱可赚，去投资、发明、创造；但是，其垄断地位不能太长，17年足够了，之后要放开竞争。经济学里有一个小的专业领域叫法经济学，大概40年的历史。法经济学就是研究法律应该怎么规定，从而使社会资源的效力更加有效，消费者更加得力。

第三个因素，竞争。

创新和竞争，经济学里面两者的关系是这样的：在实际经济生活中，企业之间、竞争对手之间通过不同的方式来竞争。第一个是价格竞争，例如降价、砍价、积分、折扣，都是以“价格战”的方式来吸引消费者，增加销售量，提升市场份额。这个是价格竞争。价格竞争可以变得很快，买个飞机票，定个酒店，打个车，时间不同价格也会不一样。在实际的商业环境中，不同的企业会密切关注彼此的价格动态，例如比亚迪和特斯拉这样的企业，也会相互留意对方的价格策略。第二个是非价格竞争，包括很多方面，广告、服务、产品差异化，比如说你生产手提电脑，我生产台式电脑，企业兼并、纵向一体化等。非价格竞争的一个关键要素在于企业对资源创新的投资。大型企业在此方面拥有更为充裕的资源，这使得小型企业面临着更大的竞争压力。为了应对这一挑战，小型企业可能会采取借款、筹资等多种方式，或是积极通过多元化渠道筹集资金，投资于科技研发领域。科技研发主要是研发一个新的产品，如新的手机、新的软件、Sora 机器人，或者是山大路上新开的店等都是新的产品，再比如说麦当劳、肯德基卖的中国豆浆，这在产业经济学中称为新产品创新。还有一种创新是工艺创新（Process R&D），投资降低现有产品生产成本的技术。两种创新方式都可以得到专利。衡量企业创新水平，一个经常用的衡量标准叫 R&D 强度，即企业每年投资于 R&D 活动的总投入占营业额的百分比，就是 R&D 费用除以营业收入。这个强度越大，企业的创新力越活跃，一般 5%—10%就算比较高的了，华为是 16%—20%。作为国家来讲，R&D 投入除以 GDP，是这个国家的 R&D 强度。国家的 R&D 投入，不仅包括企业投入，也包括科研机构如高校、实验室的研究投入，以及中国科学院的研究投入，等等。国家的

R&D 强度指的是，在其年度 GDP 所创造的价值中，分配给 R&D 活动的比例。

湖北鄂州的一个项目刷新了全世界养猪大楼的纪录。2022 年 8 月份，当地建了一座像居民楼的建筑物，但它是养猪厂，里面养着生猪，有许多层，也有电梯、冲凉、空调、透风设施、臭氧系统、运动场等，好多新科技元素。我看了以后眼前一亮，我觉得这是传统行业的创新，养猪行业的创新。从猪圈上升到楼房，我想这肯定会很快被其他竞争对手模仿去。这些应该不是政府规划出来的，市场里面的猪圈应该也就一层。因为需要增加产量，提高生产率，所以就多盖几层。

我们经常讲新型举国体制"集中力量办大事"，这个口号我们喊了很多年了。大家知道我们国家在人工合成胰岛素方面是世界领先的，我们 20 世纪 60 年代就合成成功了，领先西方国家大概十年。20 世纪 70 年代，美国的哈佛团队、加州大学团队和地球另外一边的欧洲团队都合成成功了，但比中国晚。我想这其中应该有学习到中国合成的秘方或者是原理。欧美团队都成功以后，根据网上的说法，他们开始分割市场，一家供应欧洲，一家供应北美。这是一个比较有意思的例子。差不多我们俩都有专利，不是同样的，而是同一类，都拿到专利，类似很多种心脏病专利药。欧美国家是猪胰岛素，我们国家是牛胰岛素，这是两个赢家的比赛。这让我联想到我们国家面临的"卡脖子"问题，说不定三年五年之后由于追随者压力更大，可能会激发出更大动力，从而有更大的概率赢得下一轮的比赛。

从市场角度，如果是大家看的话，大企业、小企业哪一家企业更有动力去创新？国有企业、民营企业哪家企业更有创新力？这里必须要提的就是熊彼特。熊彼特如果能活到 1969 年诺贝尔经济学奖建立的时候，他是绝对可以拿诺贝尔奖的。他是奥地利人，在美国工作的时候研究资本主义的发展史，在研究的过程中他注重创新的作用，注重大企业的作用。他是第一个为大企业唱赞歌的经济学家。以前都讲小企业越多，竞争越厉害，价格越低对消费者越有好处。基于其务实的经济史研究，他写了几本书，最有名的是提出两个概念：一个是动态竞争，另一个是比动态竞争更加有影响力的叫作创造性毁灭。他认为资本主义社会发展或者是产业革命，包括农业革命，完全是创新驱动的，在创新的过程中有新的创造，在创造的过程中把老的、旧的产品，旧的机制毁灭掉。前面讲贝尔电话，贝尔电话是从0到1的创新，实施了几十年之后被移动电话差不多被毁灭掉了。诺基亚风光了20年，又被智能手机毁灭掉了。新一轮的创造，把旧一轮的产品、市场机制、工业体系甚至技术体系给毁灭掉了。熊彼特认为这是创新的规律，是市场经济发展的规律。

诺奖获得者阿罗，比熊彼特晚三四十年，熊彼特写书是在一百多年之前，阿罗的书至四五十年代才有。阿罗反而认为大企业比较懒惰，大企业已经有垄断利润，日子已经过得很好了，就不需要创新了；小企业竞争压力比较大，更有动力去创新，创新的回报更高。经济学家约翰·希克斯曾经有一句名言——“垄断企业最欣赏的东西就是平静的生活”，就是没有竞争者，没有推翻者。生活里面最好的状态就是“quiet life”。他也是站在阿罗一边，他比阿罗更早一些。这是经济学家的角度。他们研究什么样的市场结构下创新活动更加踊跃。

这涉及要进一步提高研发投入，国家的财政部拨款、科技部拨款、各个省科技厅拨款、各层级政府拨款，这个投资投到哪里去？给大企业还是小企业？理论上熊彼特和阿罗的理论都有道理，谁也说服不了谁。经济学家实证研究得出有些国家、有些地区、有些行业中大企业更加愿意创新，实证有的支持熊彼特理论，有的支持阿罗理论。如果大家在现实生活中观察一下，我们身边这些创意产品大部分都是大企业开发的，但是别忘了大企业之所以大是原来小的时候通过创新快速长大的，例如最近的 Sora 都是新的企业，成立不到两年。这是熊彼特的观点。尽管阿罗荣获诺贝尔奖是基于其他方面的贡献，他的创新理论并非其主要成就，但影响力却极为深远。

下面我们讲颠覆性创新。例如苹果手机属于从0到1的创新，那么网约车算不算？我们现在传统的出租车市场被网约车挤占了。优步的创新源自企业家的灵感加上对旧有产品缺陷的洞察。我听到的创新故事是这样的，应该是真实的。优步公司的三个专家到巴黎去开会，开完会晚上八点钟，下着雨，叫出租车等了一个多小时将近两个小时，出租车都没有叫上，很狼狈。他们就突发奇想，能不能搞一个平台，能够使我在平台上可以预约出租车，而不是傻等。所以在这样的环境下，灵感一来就开发了新的产品。这叫经济学产品，服务也是产品。大家注意到网约车的技术并不是特别前沿的，用的就是GPS现有的技术，还有互联网早就存在了，只不过把各种原来看上去不相关的技术组合形成非常有竞争力、非常有价值的新的服务。这些都是从0到1的组合，可以称为颠覆性创新。网约车可以满足时间上的匹配、地理上的匹配，生命力非常强。

20世纪80年代中国那么穷的时候，人均GDP 200多美金，现在达到10000多美金，这个增长怎么来的？靠政府还是靠市场，靠改革还是靠开放？怎么算开放？开放不仅仅意味着简单地敞开大门以吸引游客和资本投资，它更深刻地涉及引入先进的技术和资本理念，让诸如KFC、麦当劳等国际品牌进入中国市场，与中国本土的快餐、汽车、电脑、手机等行业展开同台竞技。这一过程在为中国带来技术和资金的同时，也极大地促进了市场内的良性竞争。我想开放包括所有的开放，例如对竞争的开放。在开放的过程中推动法律体系的建立，我们国家的《合同法》《公司法》《知识产权法》都是80年代建立起来的，以前是没有的。

有关开放和外资，经济学有一个技术溢出的概念，就是外资企业到中国来建厂，它可以给本地的企业带来技术溢出的好处。经济学家总结了三个渠道:第一个是展示效应。随着外资产品的涌入,当时的中国市场上除了吉普车之外,私家车、时尚的喇叭裤以及保暖的羽绒服等新鲜事物均属罕见。这些新产品的亮相,不仅为中国消费者带来了全新的视野,更激发了本土企业的灵感与创造力。鉴于中国人卓越的学习与适应能力,他们迅速通过模仿与创新,推出了自家的同类产品,从而在市场上涌现出一系列新兴的产品与品牌。第二个技术溢出的渠道是人员流动。我把A公司的技术人员挖走了,他脑子里有知识、经验和配方,他可以开发一个全新产品跟原来的公司竞争,这是人才流动,包括人才的上下游流动。第三个溢出的渠道是反刍工程(Rumination Engineering),把竞争对手新开发的产品买过来然后拆掉,拆掉以后研究里面的原理,这个方法用了几百年了。我们国家买来航母拆开,据报道美国企业买了华为手机芯片拆开进行研究。所以前面我讲的中国企业的专利申请数那么多,它背后的渠道是什么,从哪里学来的?我想这三个渠道对我们还是有帮助的,当然还得有我们自己的聪明才智和投入才行。

数字经济是一种新的经济形态,是在农业经济、工业经济、信息经济之后出现的。也可以认为信息经济是数字经济的前奏,这里面有好多特点,比如一些大平台及网络效应。某个服务使用的人越多,每个人得到的价值就越大,这就是网络效应。例如一个社交软件,你的朋友都在上面,因此你也愿意加入,人越多你就越愿意加入,愿意加入该社交软件的话它的竞争对手就越来越弱,这就会导致赢者通吃的局面,其他公司竞争起来就非常困难。数字经济包括数字产业化、产业数字化。数字产业化就是数字产品、互联网、数字产品串流等。这些数字产品的产业化狭义的占7%—8%,占国家GDP的7%—8%,跟美国、德国差不太多。产业数字化是一个广义概念,就是原有的产业数字化转型,用一些机器人,用一些数字技术,包括山东的制造业,传统的医疗、制造业、学校、餐馆等。产业数字化占得比较多，超过30%。

关于生态，现在的竞争跟以前竞争不一样，以前的竞争太简单，一个开关，一个电话，现在是生态。亚马逊三四十年之前就是一个书店，后来建成一个全世界最大的电商平台，它从一个电商发展到具有50多个子公司，每个子公司又是子平台，上面有广告、营销、支付以及其他的产品，如音乐、云产品、医疗、康养等。所以，小的企业怎么跟大的企业来竞争？这是很困难的。这是创新带来了平台生态的产生。

现在数字经济的创新形式和背后逻辑可能与之前不一样了。阿里巴巴在七八年之前，通过大数据发现好多中国的消费者越来越喜欢吃辣的东西，突发奇想，生产一款辣的巧克力怎么样？它将它的创新想法说给上游的厂家，包括日本的巧克力生产商，还有欧洲的，经过商讨之后一拍即合。根据消费者的大数据，进行数据分析调整了口味，最终卖得很好。这就是制造业利用大数据带来的信息，创新推出新产品。传统制造业和互联网合作，我相信我们现在实际生活中的数字经济领域里面，特别是与大平台相关的，有好多创新技术的逻辑。大的平台有数据，它将数据卖给其他生产商，或者自己开发，或者是联合开发，像前面讲的亚马逊。几年之前亚马逊有一个官司，它发现好多产品卖得很好，而且知道是哪个厂家的哪个产品卖得好，有了这个信息以后就自己开发类似的产品，申请专利，以自营品牌的形式来跟卖得好的、具有创意的供应商竞争，结果供应商就到法院起诉亚马逊，说它利用我们的产品卖得好的信息，开发新产品来跟我们竞争，这是不公平竞争，或者说是有损于正当竞争的。所以，创新有时候也是会阻碍竞争的。

第四个因素，金融和律所。

在美国硅谷，斯坦福大学旁边，圣弗朗西斯科湾区里面聚集着一些跨国公司大平台企业的总部。为什么凑在一块？就是前面讲的由于溢出效应大家都在互相受益。相信加州硅谷周围一定也分布了很多律所。创新是要投入的,是要冒风险的。一般的传统行业,像一些制药公司,一般它们开发新的药品,每年投资额占营业额的10%左右,这些大的公司年收入都是几千亿元,花费上百亿元雇科学家成立实验室进行研发,他们经常研发多种新的药品。10种药品中有一种成功了就可以,就算其他的9种失败了,也可以盈利,风险极高。大的企业可以承受风险,但有的企业是中小企业、初创企业,它们就没有能力承担这个风险,在这种情况下社会又需要创新,怎么办?这就是市场机制的美妙之处。市场机制下它们自发地生长出一种新的金融组织、金融工具,这个是跟法律相关的,叫作风险基金。风险基金到处“乱投”,投10家企业,有一两家成功了上市了,成独角兽了,就可以赚回来了。它们专注于审视市场,特别是在北京、上海以及大湾区这些区域,精心挑选在全球范围内最具潜力的投资标的进行布局,随着时间的推移,这样的策略逐渐展现出更加光明的前景与希望。这种风险基金跟科创企业要签合同,是有律所在背后做支持的。所以我们讲创新,讲举国体制,讲追赶,其实里面不光是科学家、工程师的事,创新以后得有资金支持,得有风险规避的机制,还要有高标准的法律体系来护航才行。这些风险投资基金与创新紧密相连,它们的运作不仅仅是为了盈利,更是通过风险分散的策略来实现收益,对社会而言,它们扮演着极其有价值的角色。

第五个因素,开放。

回顾香港与深圳的发展历程,自改革开放初期,香港率先开放,而深圳紧随其后。深圳为什么那么成功?我大学毕业的时候国家号召到深圳工作,我们山大物理系的一个同事,到深圳去了。那时候深圳是一个小渔村,现在是大都市、创新的中枢,怎么成功的?深圳成功在哪里?这背后蕴含了好多元素。多年前,我在香港的一份报纸上读到量子学派罗先生总结的“深港公式”,深刻揭示了深圳成功的核心要素。

$$S(t)=\int_{1978}^{t}\frac{P^{\alpha}L^{\beta}T^{\lambda}}{(1-O_d)(1-M_d)}GH\,\mathrm{dt}$$

O_d:Degree of Openness(开放度、包容度),$O_d \in (0,1)$

M_d:Degree of Marketization(市场化程度),$M_d \in (0,1)$

P:Population(人口、人才)

L:Law(法治、产权保护)

T:Technology(科技)

α、β、λ 为指数,标志人口、法治、科技对总结果的边际影响力,三者相加表示完全的影响,故而 $\alpha+\beta+\lambda=1$。

G:Geography(地理),常数

H:Hong Kong(香港),常数

$S(t)$就是深圳市,经济在时间 t 的竞争力取决于好多因素的加总,随着时间的加总,从时间 o(1978 年)到时间"t"之间的积分,这之间深圳的函数曲线上升,深圳在每一个时间点的竞争力是好多因素的函数。具体而言,P 是人才、人口,加一个参数 α,L 是法治,T 是科技,上面三样缺一不可,如果有一个等于零则竞争力就等于零。O 表示开放度,对外开放,人才的开放。O 放在分母上,其值越大,整体贡献越大。M 是市场化程度。以上五个因素缺一不可,要有人,要有钱,要有法治,还要开放,还要市场化。随着时间增长,深圳市的增长力就是曲线下面的面积。最后有一个 dt,前面还有一个 GH,G 表示地理位置,包括港口、交通、海滩等;H 就是香港。我想深圳成功的决定因素、影响因素,这个公式总结得很全面。当下,这个公式的意义我觉得更加重要,就是一定要开放,40 多年我们实力的增长、科技的进步、创新的提升的主要原因在于开放,开放是一个非常重要的因素。

三、竞争政策与"看不见的手"

"有效市场、有为政府"这八个字,已经明确写入我们国家的中央文件。在这八个字中"市场"放在前面,简单来说要实现高质量发展、经济现代化、科技现代化,我认为主要是靠市场来完成,因为市场调节有效;有些事情市场做不到的,政府再有所作为。我这里给大家简单介绍一下竞争政策和所谓的"看不见的手"学说。"看不见的手"这个学说是1776年亚当·斯密(Adam Smith)在《国富论》(*The Wealth of Nations*)里面提出的。亚当·斯密是现代经济学鼻祖,英国经济学家。他有一个比喻,他把市场机制比喻成一只看不见的手在那里控制着社会资源的配置,哪些资源该干吗,该用来生产什么东西、生产多少,在哪里生产,卖给谁,如何分配等等。他总结道:在市场竞争这一个社会机制下面,人们在追逐自己经济利益最大化,个体消费者也好,工人也好,企业家也好,厂商也好,都是为了自己的目的,自己找个好工作,自己过好日子,企业挣更多的钱,大家在追逐自己本身利益的同时不小心达到了社会最优的状态。"不小心"是我用的词,斯密用"无意间",无意间使得社会资源达到最优的配置。蛋糕做得越大,资源使用效率越高。也就是说尽管追求个体利益是利己的行为,但是在市场竞争中你是受约束的,你生产的东西不受消费者喜欢,成本很高,市场份额就会慢慢下降,你就会有压力,因此会想办法,转型,生产新的产品。在追逐自己的利益最大化的同时,有一个意想不到的副产品就是社会资源配置最优。

社会学家马克斯·韦伯(Max Weber)曾经讲过这样一个故事:他每周末早晨在家里的时候,送牛奶的小男孩都会准时把牛奶送到门口,阴天下雨也不间断。他一开始很惊讶,"这小伙子怎么对我那么好?"后来意识到不是对我好,是因为他们有自己的工作要干,自己工作干不好就要被解雇,或者公司的产品不好、服务不好公司就会亏钱。他就意识到这些送牛奶、送报纸的小伙子不是为了他好，是为了自己好的同时给他提供优质服务。我想这是因为市场机制中个体微观优化跟整体有协调的意愿。市场作为一种分散的机制，并不是一个无序的机制，因为有“看不见的手”在调节。

竞争政策不是只讲我们国家的，全世界每个国家都可以有竞争政策。竞争政策是指什么样的公共政策呢？是为了促进竞争的公共政策，是以促进竞争、保护竞争为目的的政策。例如，消除地区分割，降低进入壁垒，当地政府要公平对待外地企业，让外国银行、民用银行进入银行业，等等。20 世纪 80 年代，民众到银行排队一天拿不到号，因为那时候竞争不充分，市场上只有几家银行；虽然现在到银行还是要排队，但已经明显好转。所以，以促进竞争为目的的公共政策就是竞争政策。

另外一项政策是产业政策。产业政策在我们国家四五十年代起到的作用很大，但是和竞争政策是相矛盾的，冲突很大。用一句话来概括，产业政策是政府用直接干预的方式帮一些固定的企业来竞争，例如用好的土地优惠政策来帮某些特定大企业或本地企业，相当于在篮球比赛里裁判帮着球队打球一样。这是产业政策。当然它有自己的理由，在一定的历史阶段有其不可或缺的作用。我们国家下一阶段的中国式现代化，或是高质量发展，竞争政策被写进 2014 年的中央文件，要求发挥竞争政策在资源配置过程中的基础性作用。产业政策要慢慢退位，竞争政策要占主导地位。

亚当·斯密的学说“看不见的手”，作为一个理念，好多经济学家都信奉，我也比较相信市场机制。其实市场机制是实现社会资源，如土地、资本、劳动力、数据等资源有效配置的有效机制，甚至是唯一机制，这一点是全世界的共识。我从两个方面讲一讲：一个是实践方面。苏联 1991 年解体，实施计划经济，市场经济的对立面，实施了 60 年，从十月革命到 1990 年，失败了，转而实施市场经济。新中国

50 年代到 70 年代，实施计划经济 30 年也没有成功，所以改革开放。在经历了 30 年计划经济为主、市场调节为辅的发展阶段并从中汲取了宝贵经验后，中国成功转型，确立了市场机制在资源配置中发挥决定性作用的市场经济体制。从实践角度来讲，全世界可能只有一两个国家实施计划经济，朝鲜是其中一个，古巴可能只能算 0.8 个或 0.7 个（实施计划经济的国家）。这是实践方面。另一个是理论方面。有两位经济学家，一位是前面提到的阿罗，另外一位是德布鲁（Derad Debreu），他们在 20 世纪 50—60 年代从数学角度证明了完全竞争可以达到资源最优配置。从理论和实践上来说，“看不见的手”逐渐被全世界采纳。

但是在一些情况下市场是做不好的，有这么几种情况：一个是有垄断的时候，另一个是有公共物品的时候，再一个是有外部性影响、存在信息不对称的时候。市场失灵的时候就需要有为政府，这是经济学里面标准的原理。

四、市场机制

我下面讲市场机制。经济机制设计理论的开创者是赫尔维茨（Leonid Hurwicz）教授，他 2007 年 90 岁时得到诺贝尔经济学奖，带领了两个年轻的经济学家，哈佛大学的埃里克马斯金和西北大学的迈尔森。经济机制设计是一个新的经济学领域，从 20 世纪 60 年代开始，70—80 年代创立，后来两个后辈一起构建了理论体系。

激励相容原则是个新概念，它最早由赫尔维茨教授在 40 年前提出。激励相容概念是这样的：一个制度也好，一个机制也好，一个政策也好，什么时候能够激励相容呢？就是政策的执行者，消费者也好，个体也好，企业也好，他们自己想做的事正好是政策制定者希望他们做的事，就像送牛奶、送报纸一样，他们为了自己的利益来做，做的过程中最后达到的状态正好是宏观上政策制定者或者机制设计者想达到的目标。当一个政策具有这样的特性，它就被称为激励相容的政策，或者激励相容的机制。

我举经常讲的国内外三个例子。第一个例子是澳大利亚。澳大利亚作为一个国家的历史并不长，其起源可追溯至 200 多年前的一个特殊时期，当时英国因囚犯过剩、监狱容纳能力有限，决定将一部分囚犯流放至澳大利亚南部。由于长途海运耗时良久，政府遂与负责运输这些囚犯的商人(即船长们)签订了合同。然而，一开始签订的合同是激励不相容的。是什么合同呢？就是按人头收钱，这个月给我运 100 个犯人，5 艘船，每个犯人给你支付 100 英镑。100 个犯人上船以后经过几个月甚至半年的大海航行，风浪、生病、瘟疫等，到岸后还剩三四十个人。这当然不是政府想要的。后来他们做了改进，不是按出发时的人头给钱，是按到岸的人头给钱。给你 100 个犯人，到了澳大利亚以后，下岸的还有多少活着，每一个人给你支付 120 英镑。这样的话押送犯人的商人在大海航行期间就会非常有动力照顾这些犯人，保证他们不生病、不被饿死、不掉到海里，因为这样的话下船的人头越多，商人就会拿到越多的钱。在这个政策下，上述合约就变成激励相容了。

第二个例子，赫尔维茨教授讲过，20 世纪 80 年代他到我们国家来，想把他的经济机制、设计理论介绍到中国，那时候正在进行改革开放，在研究传统的计划经济怎么改，改革就是改机制。他说在一个农村里面大概有 100 户人家，暴发了鼠疫，老鼠忽然多到防不胜防。老鼠太多，所以要灭鼠，那怎么灭鼠？村委会几个干部聚在一块开会想办法，制定了奖励制度：老百姓谁拿一根老鼠尾巴来，村委会奖励 2 块钱。这是鼓励人们去抓老鼠，结果发现好多老百姓不是去抓老鼠，而是在家里养老鼠，养了以后杀掉卖老鼠尾巴。赫尔维茨教授就说这是一个非常典型的激励不相容政策。奖老鼠尾巴，结果跟宏观目的杀老鼠相悖，鼓励老百姓养老鼠。这个例子多少年我都没有忘记。有些人用这个故事解释印度消灭毒蛇的例子。印度曾经有些地方毒蛇很多,政府想方设法消灭毒蛇,但是无法消灭,因为越奖励杀毒蛇的人,老百姓反而越愿意去养毒蛇。

第三个例子,好的制度可以让不太好的人变成好人做好事。成思危教授在海外经常分享的一个例子:两个十来岁的兄弟分一个蛋糕,谁都抢,要多分,怎么办?都想多拿一些。这跟传统的孔融让梨不一样,而是两人都想多分。聪明的爸爸就设立了一个很好的机制。爸爸告诉两兄弟,你们两个一人把蛋糕分成两份,另一人负责分。两人都有机会,你切也好,你分也好。第一个兄弟先切,把一个蛋糕切成两份,可以“三七”分、“二八”分,切了以后,另外一个兄弟去分,在追逐自己利益的假设下,第二个兄弟肯定会挑大的,剩下的就是小的了。第一个切蛋糕的兄弟就知道不管怎么切,他拿到的都是最小的,他脑子里规划自己要使最小的那一块最大化,那就是1/2,“五五”分。就这样一个例子,很简单的一个机制。两兄弟博弈的结果正是爸爸希望他们达成的结果,就是平均分。这个不需要教育,也不需要处罚,只要按游戏规则来做就可以达到。

这三个实例生动地展示了激励相容概念的内涵,随后,这一原理被广泛应用于经济学的多个领域,包括但不限于合同设计、政府监管以及政策规划等核心环节。在当今时代,随着数据资产成为国家发展的重要资源,激励相容原则同样发挥着至关重要的作用。它包括怎么让民营企业的信息上来,怎么让地方政府不能过于有为,也就是要有为但不能做太多。我想经济设计理论在我们国家下一个发展阶段里面会发挥更大的作用。

我再讲一点哈耶克、兰格之战。哈耶克获诺贝尔奖,他认为市场机制是最有效的,除了激励以外,还有信息。不管在什么经济体制下,有 5000 万人也好,有 14 亿人也好,好多信息、好多知识是局部的。比如山大校园里的土地、楼房怎么规划,怎么调整,中央政府可能想知道，但是知道的成本很高。在这种信息和知识分散的情况下，“看不见的手”是比较有效的，中央计划经济反而做不到这一点。20世纪30年代的大论战中，波兰的经济学家兰格提出一个市场社会主义的概念。他说计划经济不要紧，国家计委相当于一个大的电脑来模仿市场经济、价格信号等。这在当时有一个辩论。现在全世界普遍还是走市场经济的道路。

下面看一下我们国家跟世界上领先国家的差距。刚才讲强度，一个国家R&D强度，研发投入总量占GDP的比例，大家可以猜一下中国现在是多少，5%？8%？是2%多，20年之前、30年之前0.5%都不到。每年国家GDP的2%拿出来用于研发，这个规模很大，但是跟发达国家比起来，相对来说还是比较低的。R&D强度最高的是美国，一直保持全球第一。中国跟美国的差距越来越窄，但还是很大，一直在追赶。其他领先国家是德国、日本和以色列。我们国家那么多人、那么多企业，发明专利申请总数是全球第一，但是从GDP强度来讲，我们虽然在提升，然而差距还是很大。

结　语

今天的题目讲的是竞争与创新，我们不应把市场机制简单地理解成价格信号，短缺了价格上升，过剩了价格下降，而应该认识到它是一个很重要的市场调节机制。市场中除了存在竞争激励机制外，还涵盖了筛选与甄别机制，这些机制共同促使人们进一步提升生产力，并激发更大的创新精神。市场机制是人类发明的，不是哪一个人或哪一个国家发明的，是人类在几百年几千年的经济活动中慢慢演变出来的最伟大的资源配置的制度。

改革开放四十多年以来，我们国家摸着石头过河。知识产权保护堪称人类发明中最杰出的法律制度之一，当然《物权法》《合同法》也很重要。我之所以特别提及《知识产权法》，是因为它与创新紧密相连。若没有《知识产权法》的保护，创新将难以为继；而有了它的保护，虽为必要条件，却可能尚不足以完全保障创新的繁荣，还需辅以市场竞争的力量。换言之，市场竞争与创新的双重驱动，共同构成了推动进步的关键组合。竞争政策＋知识产权保护这两个轮子我认为是我们国家高质量发展的关键，或者是必经之路。要鼓励创新，保护竞争，这是必由之路。

中国除了市场激励以外还需要其他的激励，创新生态、创新文化、教育体制，现在讨论这些的学者越来越多。近日，丘成桐教授再次对我们的数学教育提出了批评，指出众多数学天才最终未能充分展现其天赋，甚至未能摘得菲尔兹奖等殊荣。这一批评不仅限于数学领域，还广泛涉及教育体制的其他方面，如创业人才的待遇不公、科研评价体系的缺陷以及博物馆建设的不足等。北京的中国科学技术馆不是太大，北京有人民大会堂，有军事博物馆，有历史博物馆，科学技术馆的规模还需要扩大。现在也有人建议，要在深圳建立一个创新博物馆或者深圳博物馆。在山东，或者是我们的龙山新校区，我想咖啡馆会多一些，创新生态的设施会多一些，喝咖啡的时间会多一些，更加轻松地从事科研，学生们也会从中受益，学生也是有创造力的。

在市场有效运作的前提下，市场机制应置于首位。然而，当市场机制无法完全发挥作用，即市场出现失灵或存在缺陷时，政府才应当适时介入并发挥其应有的作用。在媒体、政策制定层面以及两会代表的讨论中，常常提及数字经济发展和数字化转型过程中面临的难题与挑战，认为这些问题难以通过自身力量解决，必须依赖政府的介入。我经常说这个逻辑有断点。为什么这样说？在处理某些事务时，并不意味着首先应由政府出手，应该先让市场来做，市场做不好的再让政府来做。无论是我们省还是整个国家，都迫切需要这一发展。人们倾向于强调加大政府的作用，推行一把手工程，以及制定各省、各地方政府的详细规划。这种做法过去如果是行之有效的话，在今日之情境下可能就不一样了。现在，国家提出新的八字方针，其核心是让市场先发挥作用，政府则是发挥补缺、补漏的作用。这是我的理解与阐释。过去，我们采用“以市场换技术”的策略，得益于当时中国庞大的市场，吸引了外资进入并在中国赚取利润，同时也为中国带来了先进的技术。然而，如今的市场开放环境已大不相同，我们面临着可能的技术脱钩风险。我最近在思考应该做一个转变，“以市场换技术”的口号应该改一下，改成一句话或者两句话，“以开放换创新”或者“以开放换知识”，换各方面的知识，例如关于市场的信息、市场的知识，关于基础创新的知识，关于追赶发展的知识，然后以竞争促创新。

这是我个人的思考，最后祝愿国家越来越富强，越来越美好，祝愿山大越来越富强，越来越美好。谢谢大家。

［提问］：林院长您好，刚刚听了您的讲解，在中国式现代化进程中创新是第一推动力，它是推动经济发展的重要因素。刚刚您也讲了很多国内外创新跟发明的例子，对我有很多启示。想问一下对于研究生来说，如何在学习工作中培养创新思维？从哪里获得创新的灵感呢？

［林平］：请问你是人文社科还是理工科的研究生？

［提问］：人文社科的。

［林平］：这个问题很好，可以说是“从我做起”。我们国家非常重视培养创新人才，把它作为国之大策。怎么创新？每个人做研究、写论文，等等，甚至做实验，包括理工科的。我想有两点：一是基础＋前沿。这个基础要打好、打宽、打牢，从研一、研二、博一到博二会成长得更实在、更坚实，最后结出的果子也会更好一些。我有时候跟我的学生们讲，你读研或者读博，发表文章和写毕业论文只是冰山一角，

能力到那里了，积累到那里了，创新力就有了。把自己独立研发的能力培养出来，自然就会发表文章，会写论文。所以打牢基础和了解前沿这是必要条件。

另外一个很重要的是批判性思维，就是开放性思维。我在本科生班每个学期讲研讨课，最后结束时给学生讲一些经典案例。几周之前，我发现高中生毕业以后，作为大一新生在思维上有一种倾向，是什么倾向呢？网上看到的任何东西都接收，都同意，尽管他们没有说“我同意”。在我们班级的小组活动中，每个小组负责分享各自研究的小课题，这些课题的资料大多来源于网络或书籍，其中既有事实性资料，也有观点性资料。但小组成员一般仅是指明这就是事实，这就是观点，这是我同意的观点，这是社会上流行的唯一的观点，等等。第一，他们接收现有的知识，拿来就行；第二，他们很少去问，思维比较保守一些，传统一些。这个观点即便是某位院士的，某位权威人物的，那他的观点有没有不完善的地方？大家都知道批判性思维的重要性。从打牢基础开始，然后了解前沿，不是毫无条件地相信权威并接受现有的观点，而是开发自己的观点。我想这两点应该有助于提升研究生的创新能力。

有时，我的学生会接触到产业经济学的基础理论课程，我也会向他们分享一些与创新相关的小历史故事，比如前不久我就给他们播放了关于圆珠笔发明的创新小视频。在播放这些故事时，我并不会直接给出解读，而是要求他们运用产业经济学的专业词汇，挑选出三个关键词来概括故事中的精髓。这样的练习经常会在课后较为轻松的时段进行，旨在鼓励他们基于自己的知识基础和分析框架，独立地对同一事实进行分析和提炼，而非简单地复述网络上的观点。

我想我大概只能说到这几点，希望对你有帮助。这是一个很好的问题。

［提问］：林院长您好，刚刚听了您的讲座收获很多，有个小问题

想请教您。我们都知道“新质生产力”这个词非常火爆，您刚刚也提到有效市场和有为政府的概念。请问林院长，有效市场在促进新质生产力方面如何发挥作用？政府在这个过程中扮演一个怎么样的角色？谢谢。

[**林平**]：这个问题很关键，也很大。“新质生产力”这个概念是习近平总书记于2023年9月在东北视察的时候提出来的，相对于其他的概念、其他的理论、其他的说法都是智囊团或者是学者提出来讨论以后顶层决定的情况，这次是习近平总书记直接提出来的，没有什么准备。当前对于这一概念的理解，主要包括两个层面：一是深入剖析其含义与内涵，即概念的本质与核心要素；二是探讨其发展与建设路径，特别是如何构建市场，以及在此过程中政府的角色定位与功能发挥。

新质生产力讨论很多，看了一些资料，经济学院现在也在人文社科研究院的规划、谋划之下讨论筹办研究院。其他的学校也有先例，厦门大学是第一个，一个多月之前就成立了研究院。新质生产力的核心在于“新”，它紧密关联于创新、数字经济、数字要素及人工智能等各个新兴领域。在生产过程中，这种新质生产力体现在产品设计、生产环节、流通环节以及服务环节等多个方面，推动各个环节不断革新与发展。刘世锦先生有个概括我觉得比较全面。从学术的角度来讲，他说要使用数字技术来提升全要素生产率（Total Factor Productivity，TFP），在数字经济时代，各个行业、各个环节生产力提高。根据这样一个简单的内涵的描述，有时候我们讲劳动生产率，10个人生产100辆车，劳动生产率是100÷10＝10，总产量除以劳动人数是劳动生产率经常用的。资本生产率，就是资本投入多少回报多少。全要素生产率这一概念，是由已故的诺贝尔奖得主索洛（Robert Merton Solow）教授在20世纪60年代提出的。他从历史数据看，经济增长的主要因素一个是劳动力，一个是资本投入，把这两个投入的贡献剔除以后还有一部分解释不了，他把解释不了的部分叫作全要素生产率，是科技进步带来的生产力的提高。现在的新质生产力是跟这个相关的，在TFP上面，用数字经济下的新技术、用智能技术提高这一点。在这个过程中，建设新质生产力市场靠竞争，促进竞争的手段就是创新。手机等新的产品出来后形成垄断，垄断三年、五年以后，其他的颠覆式新产品又起来了，所以还是要靠创新。我认为创新的主体是企业，当然政府要投入，大学、科研机构也是创新的关键力量，但是市场主体是创新的主要力量。我为什么这么说？市场主体哪些地方需要新产品，它有"local knowledge"，分散在下面，企业有掌握分散信息的优势；另外，企业也有竞争的压力和创新的动力。八个字写得很好，八个字应用到新质生产力的发展中也是完全适合的。市场有些地方做不到的，有些搭便车的地方，有些外部效应，像环境污染、交通挤塞、假冒产品等等，这就需要政府来干预。干预是一个中性词，政府可以在这上面有所作为。

［提问］：我想问一下，咱们学校培养出来的硕士或者博士就业可能大多是科研岗位，大企业的话都固化了，成熟的专家所用的平台资源比较多，年轻的硕士、博士该怎么办？可能小企业的竞争性和成长性比较适合年轻人，但是小企业没有那么好的仪器配置和政策倾斜。作为年轻一代，博士和硕士毕业了以后，您建议我们到大企业积累几年经验再去小企业，还是伴随着小企业一起成长，寻求个人的价值呢？也就是我们毕业生何去何从的问题。

［林平］：这个是非常现实，也是非常关键的问题。我想这里可能有好多读博的同学，还有准备读博的。读完博士以后主要有两条路：一个是做科研，到高校、研究单位，继续写文章，做科研，你创造的财富就是你的知识产权、发表的文章、做科研的过程中创造的专利。这是一条，我想也是你考虑的一条路之一。另外一条路是到企业去。到企业有一个好处就是比较接地气，研究的东西可能有自己个人的

偏好，可以到一些管理岗位或者金融岗位用到自己所学的知识，甚至到一些实验室。至于先到大企业还是小企业，这个是很难讲的。就应该多多参加面试，最后看一下自己适合哪些。我记得10年之前经济学院大概分析过，以前人找到工作以后，一工作就一直到退休了，一辈子也就换一次两次工作，十几二十年之前平均是换5—7次。所以，一开始从哪里进倒不是关键，不满意可以走，跳槽到更喜欢的地方。我想到一些大公司的CEO、经理培养高管的理念，高管来了以后到各个部门去，先到销售部门待一年，到研发部门待两年，再到生产部门，这一个高管人员了解企业各个层面后再提升到上面去。你作为博士毕业的学生，将来无论是做研究也好，还是做管理也好，你可以在行业里的大企业工作几年，再到小企业工作几年，上游积累几年，下游跟消费者接触比较近，这对将来发展都是很有帮助的。我是这样想的，倒不一定非得大企业，或者非得小企业，短期之内能够匹配是最好的。市场经济也有这样的好处，你可以换地方，可以换行业。

中国式现代化与"一带一路"建设

武常岐

武常岐，山东大学讲席教授、管理学院院长，山东大学学术委员会副主任委员，兼任北京大学国家高新技术产业开发区发展战略研究院常务副院长，中国管理科学学会战略管理专业委员会主任委员、中国企业管理研究会副会长、《世界商务学报》和《国际商务政策研究学报》杂志编委。

1982年毕业于山东大学政治经济学系，1983年赴比利时留学。1986年2月获比利时鲁汶大学工商管理硕士学位，1990年10月获应用经济学博士学位。1991—2001年任教于香港科技大学商学院，2001年受聘于北京大学光华管理学院，创办战略管理学系，担任系主任至2011年。2002—2010年任北京大学光华管理学院EMBA学位项目中心主任，2003—2010年任副院长；2011—2021年担任北京大学光华—思科领导力研究院院长。2005—2011年任香港科技大学商学院兼职教授，2012—2018年任香港大学经济金融学院访问教授。

主要研究领域为战略管理、国际商务和企业创新。出版《寡头竞争条件下纵向一体化的战略作用》《竞争政策与企业监管》《中国企业国际化战略：理论与实证研究》《国家高新技术产业开发区政策与管理》等专著，并在《战略管理学报》《兰德经济学杂志》《产业组织国际学报》《世界商务学报》《经济研究》《管理世界》等国内外顶级学术期刊发表研究成果。主持国家自然科学基金重点项目“中国企业国际化发展战略”和“中国企业对外直接投资和海外并购战略研究”，并承担国家科技重大专项课题“移动互联产业总体研究”。

今天是“中国式现代化”系列讲座的第八讲，前面的七位讲者从各个方面讨论了中国式现代化，而今天我和大家分享的内容也是我多年研究成果的一部分。总的来讲，中国式现代化不是简单的一个国家的现代化进程，中国的经济发展是具有全球影响力的，因此我要报告的题目是“中国式现代化与‘一带一路’建设”。

中国式现代化与世界过去、现在和未来的发展关系非常密切，中国提出构建人类命运共同体的理念，必须通过具体的行动来实现。而我们这一代人要做的事情就是高质量建设“一带一路”，这是中国提出来的且具有全球意义的主张和行动方案。

下面我将分三方面内容进行介绍：第一部分是中国式现代化与世界，第二部分讨论百年未有之大变局，第三部分讨论“一带一路”建设和中国式现代化。

一、中国式现代化与世界

讨论中国式现代化，首先要从长期的经济发展谈起，从古到今，最后谈到现代化。这主要是因为中国和世界上其他许多国家不一样，中华文明上下五千年一直延续到今天，人们还在同样的地点，以同样的文化和同样的方式生活着。

（一）中国式现代化的道路

众所周知，北京中央商务区矗立着一座中信大厦，它又被亲切地称为“中国尊”。现在各个地方，上海、广州、深圳，都有标志性现代建筑，体现着现代化国家的发展。中华文明绵延 5000 年，在这悠久历史长河中，有诸多意义非凡的重要时刻。1912 年，结束帝制走向共和；1949 年，中华人民共和国成立；1949—1978 年，通过 30 年的努力，中国进入社会主义现代化建设新阶段。而最重要的划时代的变化发生在 1978 年。1978 年是非常重要的一年，在这一年不仅仅启动了改变中国和人类历史的改革开放，而且把实现四个现代化的宏伟目标也提上了议事日程。

耶稣诞生那一年，被记作零年。零年的中国时值汉朝，更具体来讲是西汉。西汉时候中国是非常强大的，当时中国的国内生产总值(GDP)规模大概占全世界的三分之一，比现在的美国占比还要高。中国的人均GDP也是全世界最高的，这个数据来源于荷兰学者安格斯·麦迪森(Angus Madisson)，他的研究主要集中在中国的长期经济增长。根据他的研究，从零年开始，中国的人均GDP相当于1990年的450美元，是全世界最高的；在相当长的一段时间里，中国在全世界的经济发展中仍然起着非常重要的作用，包括影响人类历史的四大发明。但当时的经济增长是非常缓慢的。

1820年以后，英国率先走上了工业化的道路，工业革命改变了世界格局，西方列强开始了在世界范围内的扩张，而1840年爆发的鸦片战争成为西方列强瓜分中国的起点。我们的先辈前赴后继，中国作为现代化的后发国家有什么办法、走哪条道路推动我们和当时的西方列强并驾齐驱？因此，1978年改革开放意义非常重大：1949年我们成为主权独立的国家，不再是半殖民地半封建的国家；而1978年我们走上了复兴之路、繁荣之路。最早被提出并且作为改革开放标志的就是实现四个现代化：农业现代化、工业现代化、国防现代化和科学技术现代化。1978年3月，全国人民代表大会对宪法进行第三次修订，新的宪法将“在本世纪内把我国建设成为农业、工业、国防和科学技术现代化的伟大的社会主义强国”写进了序言。

基于当时的历史条件，我国提出到2000年要基本实现四个现代化。实际上现代化的进程在不断推进，在实践过程中，四个现代化并不是并驾齐驱的，而是有轻重缓急的选择。工业、农业特别是科学技术的现代化要率先实现，当时召开了全国科学大会，提出科学的春天来了，一直延续到今天。从1978年发展到今天，我们走过了约两个23年，1978年到2000年，2000年到2024年。今天我们在现代化的道路上走了多远呢？联合国发展组织 UNDP 有一个衡量成员国的经济社会发展指数，该指数有三个关键指标——人均 GDP、人均预期寿命和人均受教育程度，也就是人们常说的财富、健康、幸福。

第一个指标衡量社会富裕程度，用人均国内生产总值（GDP）来衡量。有学者研究，两千多年前汉朝当时人均 GDP 按照 1990 年的价格计算相当于 450 美元，2023 年中国内地人均 GDP 为 89358 元人民币，大约相当于1.3 万美元，大概在世界平均水平。

第二个指标就是人均预期寿命。中国有句老话叫“人生七十古来稀”，现在中国人均预期寿命大大超过这个数字，是 78.6 岁，也超过世界的平均数。

第三个指标是人均受教育程度。我国基础教育已经达到世界高收入国家平均水平，受高等教育的人口比例也大幅提高。1978 年我到山东大学修读经济学的时候，高等教育入学率大概是 2.7%；教育部最新发布的高等教育入学率是 60.2%，我国实现了高等教育的普及化。

这时我要提到中国的近代史，1840 年鸦片战争以来，1912 年、1949 年和 1978 年是三个关键时间节点，特别是 1978 年以后，中国是沿着现代化的道路狂奔。中国的经济社会发展和中国式现代化对整个世界的影响受到学者和专家的关注，其卓越的表现令很多专家刮目相看。21 世纪初，美国著名投资银行高盛的前首席经济学家吉姆·奥尼尔（Jim O'Neill）提出了金砖四国的概念，即巴西、俄罗斯、印度和中国（BRIC，英文名字的首字母组成的词组），后来南非作为第五个国家加入，成为今天的金砖五国（BRICS）。奥尼尔认为到 2050 年全球经济增长动力主要来源于以金砖四国为代表的新兴市场经济国家，新兴市场经济体 GDP 占全世界经济规模的比例会大幅上升。

在中国改革开放之初，中国的经济规模占全世界经济规模

1.8%，而现在接近20%。有意思的是在奥尼尔提出金砖国家概念之后的三十年里，除了中国之外，巴西、印度、俄罗斯的GDP在世界经济体中的比例变化并不十分明显。中国式现代化的道路和其他新兴市场国家的发展道路有所不同。从根本上说，金砖国家对世界经济格局产生的影响主要是中国的经济增长带来的。

（二）中国式现代化的特点

讨论中国式现代化，讨论中国的发展道路，就需要比较与其他国家的经济增长方式、与其他国家的现代化道路有哪些不同。不同国家在发展过程中选择了不同的道路。某些亚洲国家，比如韩国和新加坡，在第二次世界大战之后，也属于新兴市场经济国家，这些经济体在20世纪70—80年代经历了高速的经济增长，逐步进入了高收入国家的行列。在中国式现代化的进程中，中国开辟了一条不同于西方国家和亚洲其他国家的走向繁荣的发展道路。

中国的经济增长、中国的国家建设、中国的国家发展和中国式现代化是有普遍意义的。一个贫穷落后、积贫积弱的国家在不长的时间里实现了这样的经济增长和社会发展，成为世界第二大经济体，使得全世界很多国家，特别是发展中国家，都想知道中国的经济增长和中国的现代化进程有什么经验可循。

中国式现代化可以概括为五个特征：第一，中国式现代化是人口规模巨大的现代化，中国的人口规模和现在的经济规模差不多正好成比例，中国的人口约占全世界总人口的五分之一，中国的经济规模也大约占全世界经济规模的五分之一。在人类历史上从来没有过这么大规模的人口，也没有一个国家在这么短的时间内（从1978年开始到现在，即使是从1949年到现在），实现这么巨大的经济发展和现代化发展。1978年改革开放，我国提出工业、农业、国防和科学技术现代化，而现在中国式现代化又有了更丰富的内涵。第二，除了人口众多以外，还有全体人民共同富裕的现代化。随着经济增长，我们的收入差别也有变化，并且收入差别的变化还在扩大。共同富裕是指即使是最贫穷的那一部分人收入也有很大提高。法国经济学家托马斯·皮凯提(Thomas Piketty)最近做了一份研究分析，指出中国从改革开放的1978年到现在，收入最低的50%人口，人均收入增加了4倍。当然走共同富裕的道路不是自然形成的，是需要推动的，包括在座的各位老师和同学都参与了脱贫攻坚。山东大学对口支援河南省确山县，全国上下共同努力，消灭了绝对贫困。贫富差距对于国家的发展和稳定有着非常重要的作用。托马斯·皮凯提的文章也分析了美国1978—2017年的数据，比较中国、美国和法国收入差距的变化情况，数据显示各国的收入差距都有所扩大，中国各个阶层的收入都在快速提升，即使是社会上收入最低的群体也在不断改善。美国的情况则不同，收入较低的50%人口在过去38年里，人均收入的绝对数是下降的，也就是说现在的年轻人的收入比他的爷爷还少，这导致社会矛盾加剧，保护主义势力抬头。中国式现代化不是只让一部分人富起来，而是要走全体人民共同富裕的道路。第三，中国式现代化是精神文明与物质文明协调发展的现代化。第四，中国式现代化是人与自然和谐共生的现代化。第五，中国式现代化是基于自身国情、借鉴各国经验的现代化，传承历史文化、融合现代文明的现代化。

中国式现代化的五个特征其他学者也给大家做了介绍，我就不每一条都展开细讲了。我认为中国式现代化的道路能够走通，能够走实，最重要的原因在于领导力，就是中国共产党的坚强领导。从1978年一直到现在，我们一直坚持改革开放，坚持发展就是硬道理毫不动摇，所以才有今天的成就。

(三)中国式现代化和新型全球化

中国式现代化不仅是中国的现代化。为什么我们要强调中国式现代化的世界意义？这是因为马克思主义的要义告诉我们只有解放全人类，才能最终解放无产阶级自己。中国式现代化使得中国发展起来的同时也为其他国家的经济发展和现代化提供一条道路，使其他国家有可能沿着中国走过的道路，结合本国实际情况，发展起来。世界上更多国家发展了，我们的国家才能够更加稳定和谐地发展。

中国式现代化中非常重要的一个内容叫构建人类命运共同体。我们中国要率先发展自身，把自己的事做好，因为中国占全世界人口的五分之一，中国的事情做好了，会影响全世界。但这还不够，我们愿意分享经济发展的经验，分享成功的经验，还要构建人类命运共同体。比如中国发展过程中的开发区经验也在其他许多国家推广，中国企业也帮助其他国家建设产业园，投资建设基础设施，共建"一带一路"。

中国改革开放的一个重要意义就是极大地推动了全球经济一体化。《国际歌》中有一句"英特纳雄耐尔就一定要实现"。"英特纳雄耐尔"就是"international"，就是国际化。所以，中国式现代化之路一定要和全人类、要和人类命运结合在一起，才能够真正解放我们自己，中国的长治久安才能够实现。

今天我们提倡全球化，提出构建人类命运共体的理念，并不是说全球化是今天才有的现象。历史上下几千年，就全球化来说，我总结为三个阶段或者三种类型。

第一个阶段是暴力全球化。随着国家的诞生，国家作为一个政治、军事、经济实体，有军队，有法庭，有货币，有疆界。而在历史上有一类王朝或者国家不承认疆界，这就是所谓的帝国。今天我们所说的帝国主义，就是通过暴力实现扩张，直至帝国灭亡。历史上罗马帝国打到现在的巴基斯坦。蒙元帝国，就是成吉思汗和他的儿子们，打到莫斯科，打到南亚，通过征服、掠夺来扩大疆域。暴力全球化对生产力带来巨大破坏，是对人类财富的破坏和转移。

第二个阶段的全球化就是资本主义的全球扩张。工业革命在部分欧洲国家首先发生，带来生产力的快速提升。随着资本主义制度的建立，这些新型资本主义国家需要在全世界拓展市场，攫取原料，盘剥劳动力。这个阶段的全球化特点就是殖民统治和建立全球市场。

斯坦福大学一位历史学教授 Sven Beckert 写了一本书，*Empire of Cotton: A Global History*，翻译为《棉花帝国》，我仔细读了以后感悟很深。在人类社会发展中很多植物影响到人们的生活，比方说茶叶在历史上就引发了一系列的重要事件，而该书作者按照棉花在人类历史中的作用勾画出一部全球史。大家说衣食住行，人和其他动物的区别之一是人要穿衣御寒。欧洲没有发现棉花之前主要的御寒衣料是毛和麻，后面才发现了棉花。棉花可以纺纱、织布。中国也是最早利用棉花的国家之一。中国对于古代经济活动的描述是男耕女织，男人在地里种田，女人在家里纺纱，中国社会劳动的一半是为了解决吃饭问题，另一半解决穿衣问题，典型的自给自足的农耕经济。根据有关历史研究，欧洲的黑死病使劳动力大幅减少，对于提高劳动生产率的需求，带来了珍妮纺纱机和织布机的改进。纺纱机、织布机的应用极大地提高了生产效率，因此传统的棉花生产和供应难以满足机械化大生产的要求。机械化生产带来的生产效率的提高对原材料的需求是爆炸性的。随着美洲新大陆的发现，人们发现有更多土地可以用来种植棉花。可是种棉花需要大量劳动力，欧洲殖民者就从非洲劫掠黑人，把黑奴装上船运到美洲，在美洲种植棉花，收获了棉花以后运到英国，去纺成纱，织成布，供应给全世界。这个就是在当时历史条件下的全球化大生产，实现了全球化分工，而《棉花帝国》就是用棉花作为历史线索讲述了资本主义殖民时期的全球化的故事。

某种意义上，这个时期建立在工业革命和殖民主义基础上的全球化达到了一个高潮，它塑造了延续至今的世界格局。所谓五眼联盟，即英国、美国、加拿大、澳大利亚、新西兰，都曾是英国的殖民地，或是英国人的后裔。印度、巴基斯坦以至于整个南亚，是东印度公司的属地，今天非洲的众多国家都曾经是英国的殖民地和英联邦成员国，所以英国有所谓的“日不落帝国”之称。资本主义的全球化是建立在生产力快速扩张基础上的，通过暴力和殖民把全世界置于殖民主义统治之下，少数国家的发达和富裕建立在大多数人口的苦难之上，一小部分人对全世界大多数人的盘剥的基础上发展起来。世界被划分为工业国和非工业国。

中国式现代化的结果和核心要义是构建新型全球化，这是全球化的第三个阶段。中国式现代化是建立在改革开放基础上的，中国的改革开放推动了新一轮的经济全球化。这一轮全球化与前面提到的暴力全球化和殖民全球化不同，是建立在共商、共建、共赢基础上的，是以构建人类命运共同体为目标。

二、百年未有之大变局

随着资本主义在全球的扩张，各种矛盾日益激化。一百年前的苏维埃革命打破了以殖民和全球扩张为主导的资本主义经济全球化，形成了社会主义和资本主义两大阵营，而第二次世界大战之后广泛的民族独立运动和中华人民共和国的成立形成了“三个世界”的新格局。

（一）改革开放的历史意义

1978 年的改革开放启动了新一轮的全球化进程。作为世界上人口最多的国家，中国的开放向全世界释放了几乎是无限的劳动力供给，而这些丰富的劳动力供给和发达国家积累的需要寻找出路的资本的结合极大地改善了资源配置，转变为现实的生产力。从某种意义上来说，中国的改革开放对于世界格局的影响如同 1917 年的苏维埃革命把世界划分为两个阵营一样，将分割的世界重新构建为一个融合的世界。

关于新一轮全球化的推动力和标志性事件有很多不同的说法，有些人认为1990年柏林墙倒塌是经济全球化的标志，福山在其《历史的终结》中就持这种观点，认为自柏林墙倒掉以后全球将走向市场经济和民主政治，意味着历史的终结。我认为实际上是中国的改革开放转动了地球。一定要把中国改革开放放到全世界的大变局中才能看到中国是如何改变了世界。首先是1978年改革开放，中国经济取得了令人瞩目的发展成就，1985年苏联也开始推动改革和转型，但苏联的改革不成功，转型的成本非常之高，最终导致了苏联解体。1991年印度开始改革，2000年巴西开始启动改革。这些主要发展中国家的改革和转型改变了整个世界格局，形成了以金砖国家为代表的新兴市场经济体。这个时间线就是1978年中国的改革开放推动了1985年苏联、1991年印度、2000年巴西的改革，改变了世界。

在发展过程中，中国也经历了很多挑战，也有几个时间节点。2001年中国加入世界贸易组织，全面融入世界经济体系，加快了全球经济一体化的进程。中国式现代化发展一个重要节点就是2008年。2008年8月8日晚上8点8分在北京点燃了奥运火炬，2008年的奥运口号就是“同一个世界，同一个梦想”，54位国家元首和16位政府首脑云集北京参加奥运会的开幕式。这说明从1978年启动改革开放到2008年的30年，中国成为新型全球化进程中的最积极力量，同时把世界推向了全球化的顶峰。随着全球化的深入发展，各种矛盾也在孕育，而这些矛盾的集中爆发就是2008年的全球金融危机。华尔街的贪婪累积而酿成的次贷危机引发了一次波及全球的金融危机，对于全球的经济增长产生了非常负面的冲击，而且给全球化发展的良好势头带来巨大冲击。2008年可以说是一个分水岭。在此之前的30年，经济全球化的浪潮一浪高过一浪，全球经济一体化从各个层面都有快速的进步，各个经济体在这一过程中分享全球化带来的好处。此后，各个国家对于资本的跨境流动和金融市场的开放采取了更加谨慎的态度。

（二）经济全球化的度量

对于经济全球化进程可以通过不同的维度进行衡量。

传统的衡量国家间经济联系的维度是国际贸易，就是不同国家生产的产品和服务的交换。国家之间的贸易有了几千年的历史，古代的丝绸之路是跨境贸易的一种形式，中国加入WTO之后，中国对外出口有了爆发式的增长。各个国家的进出口贸易占GDP的比例可以作为国家之间经济联系和一个国家开放程度的一个重要指标。

更进一步地对经济全球化的度量则是经济学家所说的生产要素的跨境流动。生产要素的主要形式是资本和劳动。虽然债务作为跨境资本流动的一种形式已经存在了很久，但跨境直接投资则是随着跨国公司的诞生和发展而成长和扩大的。

随着地理大发现和殖民扩张，移民和劳动力的跨境流动在历史上经历了几次高潮，然而随着苏维埃革命和两次世界大战，大规模移民的浪潮开始消退。随着中国改革开放和新一轮全球化浪潮的兴起，跨境人才流动成为经济全球化的重要因素。根据全球化智库发布的数据，改革开放以来仅就中国大陆出国留学人员达到800万人，如果加上港澳台留学人员，超过1000万人。近年，来自世界不同国家的学生和老师也在中国的大学从事研究、教学和其他活动，其他各行各业的人员跨境流动就更为可观，这只是中国的情况。在全球化的大背景下，世界各个国家，包括发达国家，都在努力吸引人才。人才的跨境流动推动了智力资本的有效配置，促进了生产力发展和全球经济增长。

随着信息通信技术的进步，在全球范围内组织生产活动成为可能。全球资源优化要求一个企业内部的经营活动可以在不同国家布局和组织，把产业链的不同环节设置在不同的国家以提高生产效率，推动了全球产业链和供应链的形成。一个公司的生产组织演变成在全球范围内的优化整合过程。而对效率的追求使企业把一部分业务外包到成本比较低的位于其他国家的企业，这些经济活动一般涉及劳动密集型的生产经营活动。中国改革开放初期的“三来一补”就是接受海外公司的劳动密集型生产活动而发展起来的。发展到今天，全球供应链已经成为公司组织生产的主要形式。全球供应链、产业链的形成极大地提高了生产效率，推动了全球的经济增长，是实现经济全球化的主要组织形式。

生产过程全球化就是在全球范围内组织生产。之所以生产活动在全球分工，是因为各个国家的劳动力成本、物流效率、基础设施、地理环境、税收制度不尽相同，通过构建全球价值链、供应链，在不同国家布局生产过程的不同环节，以达到最高的生产效率，也就是所谓的全球资源优化。意大利米兰原来是全球时装业的重镇，但由于当地生产成本比中国高很多，因此有些业务就外包到东莞生产，这样就形成了设计在意大利，但生产在中国的情况。

除了全球化的生产活动，企业的研发活动也受益于经济全球化的发展。为了开发出适应不同市场的产品，跨国公司在全球不同的国家设立研发中心，一方面了解当地市场，另一方面利用当地的研发资源。这也就是全球知名科技公司在中国设立研发中心的原因，比如苹果公司就在北京、上海、苏州和深圳设立了 4 个研发中心，并不断扩大投资，过去 5 年苹果公司在中国的研发团队规模翻了一番。中国的跨国公司也在全球设立相应的研发中心，海尔集团在全球设立了十大研发中心，实现研发、设计、制造、营销一体化，解决了行业共性卡脖子问题，将创新成果快速转化至产业链，给用户带来了全新体验。

公司所有权和控制权的全球化也是一个重要的维度。随着经济全球化的发展，跨国公司的组织形式和治理结构也发生了巨大的变化。早期的跨国公司大多数来自发达国家，这些公司通过在其他国家设立子公司开拓全球市场，公司的所有权相对集中。而随着全球资本的跨境流动和股权转移，公司的所有权也变得日益多元化，外国投资者通过直接投资可以持有公司的股权，合资企业成为跨国公司海外投资的重要形式。出于运营或税收方面的考虑，有些跨国公司在不同的国家和地区设立法人组织，导致公司的所有权更加模糊。

联合国贸发会议就把投资者国籍和跨国公司所有权作为2016年发布的《世界投资报告》的主题进行讨论。跨国公司所有者的多国化，会带来对公司性质认定的复杂化和相关国家外资政策的复杂化。

许多国家都在积极吸引外来投资，有鼓励外来投资的法律。中国的《外商投资法》2020年正式生效。但哪些公司算外国公司，哪些公司是中国公司，要搞清楚。我们为什么讲人类命运共同体，严格意义上来讲，各个国家要在商业活动上整合各类资源发展，通过经济联系形成共同利益。

从以上这些维度的各项指标的度量判断，自从1978年中国改革开放以来，经济全球化的进程在一步一步深入。自2008年全球金融危机爆发以来，特别是自2017年特朗普就任美国总统以来，经济全球化发展面临一些逆流，但整体来说，自1978年以来的新一轮经济全球化带来的积极因素还在发挥着作用。

（三）经济全球化的后果

经济全球化除了在经济层面通过分工和专业化推动经济增长之外，对于企业的发展也有重大的影响。当全球市场没有形成时，企业的发展受本地市场规模的限制。当全球的贸易和投资的便利化提高之后，企业发展的舞台就会扩展。可谓“海阔凭鱼跃，天高任鸟飞”。我喜欢的例子包括比利时鲁汶镇上起家的时代啤酒（Stella Artois）。时代啤酒公司创立于1366年，几百年来服务于只有2万人的鲁汶镇和比利时的有限的市场，一直到20世纪80年代新一轮全球化的兴起。时代啤酒开始在比利时收购其他的啤酒公司，并且开始在国际市场并购其他的大型啤酒公司，包括德国的贝克（Beck's），加拿大的Labbat，巴西的AmBev，美国的百威（Budweiser）、南非啤酒公司等，以至于鲁汶起家的啤酒公司现在更名为百威英博（AB InBev），成为全球最大的啤酒公司，全球市场占有率达到30%。我在比利时鲁汶大学完成了硕士和博士的学习，在鲁汶镇生活了8年，当时就没有想到鲁汶镇上的一家啤酒企业居然在30年后成为世界啤酒行业的巨无霸。

大批中国企业在全球化的浪潮中快速发展并登上世界舞台。青岛海尔1984年成立时是一个简单的冰箱厂，在40年里成为全球最大的白色家电企业。海尔境外的营业收入已经超过国内的收入，2016年它收购了美国通用电气家电业务（GEA），收购时GEA在美国市场的占有率居第二。收购后经过整合全球资源和改善管理，GEA成为美国市场第一的家电企业。而在中国加入WTO之后，中国企业的国际化发展有了加速的趋势，华为、大疆、比亚迪、腾讯都成了全球型企业。

美国记者托马斯·弗里德曼（Thomas L. Friedman）2006年写了《世界是平的：一部二十一世纪简史》（*The World is Flat: A Brief History of the Twenty-first Century*）一书，呼吁世人关注经济全球化的后果。由于经济全球化，国家对于经济活动的限制在减弱，世界变平了，如果企业能够有全球竞争力，世界就是一个大平台，就是一个大市场。这就是百年未有之大变局。在经济全球化和技术革命的共同作用下，我国涌现出一批优秀企业，成立于2012年的字节跳动就是在这种双轮驱动作用下非常成功的企业。2012年3月北京字节跳动科技有限公司成立，4年以后，该公司收购了美国的一家公司Musical.ly，推出Tik Tok，现在它成为美国最受欢迎的社交媒体应用之一。其社会影响力和中国企业的性质导致美国政客对其百般刁难。又要收购，又要关停，无所不用其极。仔细想想，北京的一个年轻人成立的一家公司能在短期内对美国政治和社会产生这么大影响，这就是全球化的作用。

然而全球化带来的冲击也不可忽视。全球化的结果是市场规模扩大，市场力量的作用增强，竞争力度扩大了。市场的竞争力大小体现在市场占有率的高低。如果企业的营业收入不能跟随市场规模的扩大而扩大，那么随着市场的扩大，这家企业的市场份额就会越来越小。全球市场中参与竞争的企业数目就会增加，竞争就会加剧。一家企业不发展，面对的竞争威胁就会加剧。

不单单是中国企业面临这种全球化的挑战。有一位墨西哥企业家对我说："我怎么得罪中国人了？你们把我的生意都抢没了。"为什么呢？因为在墨西哥做生意的中国企业非常多，中国生产的产品物美价廉，给当地企业造成非常大的压力。相当一部分中国企业到墨西哥成立公司，在墨西哥进行生产和组装可以解决当地就业，这其实就是产品和服务的全球生产的表现。

现在发达国家的企业也面临同样的压力。美国政府要给中国制造出口到美国的新能源车加税 100%，主要是中国的新能源汽车国际竞争力强，美国政府出于保护在新能源汽车领域缺乏竞争力的本国企业的动机而对中国企业征收保护性关税。

经济全球化另一个重要的后果就是产业在全球的重新布局。由于中国率先打开国门，启动改革开放，大量资本投向中国，制造业向中国转移，最初主要是制造业的劳动密集型的生产环节，随着国内劳动者技能的提高，全球价值链中越来越多的经济活动转向中国。经过 45 年的发展，中国已经成为世界上最大的制造业国家，有着最完整的产业链，反而是一些西方发达国家，包括美国和英国，呈现了制造业空洞化的倾向。对全球化启动较晚的国家就可能在经济发展的过程中逐渐落后。

讨论经济全球化对于发展中国家经济发展的影响，世界上和中国最有可比性的就是印度。中国和印度是世界上人口最多的两个发展中国家，印度是1948年独立，中华人民共和国是1949年成立。1978年中国改革开放之初，印度比中国富裕。当年，印度人均GDP 205美元，处于世界第126位，中国人均GDP 156美元，处于世界第134位，当时世界平均水平1993.4美元。经过改革开放的45年发展，时至今日，按照世界银行的估算，2023年中国的GDP为17.79万亿美元，而印度为3.55万亿美元，中国的经济体量相当于5个印度。

不仅如此，中国和印度两国之间的贸易也发生了重大的变化。由于印度曾是英国的殖民地，长期以来英国是印度第一大进口来源国，但自从中国加入WTO之后，中国就成为印度的第一大进口来源国。国际经济学上有一个基于比较优势的概念，叫作展现出的竞争优势（Revealed Competitiveness），就是一个国家出口的产品应该是本国在国际贸易中能够提供具有比较优势的产品，而进口本国缺乏竞争优势的产品。通过国际贸易实现互利互惠。我们来看看中国和印度之间的贸易结构。2012年，中国加入WTO之后的第十年，中国向印度出口的最主要产品是通信设备，位居第二的是发电设备，第三是计算机，第四是钢铁。而印度向中国出口了什么呢？第一位的是铜和铜材，第二位的是铁矿石，第三位的是棉花。印度在1991年也启动了经济改革，从两国经济发展的速度和国际贸易的结构来看，中国式现代化的发展道路是成功的。因此，印度也在学习中国经验，积极推动改革。从2012年到2023年，十多年过去了，中国和印度在贸易方面的逆差反而越来越大，尽管中国和印度中间还隔着喜马拉雅山，中国企业在制造业展现出来的国际竞争力确实了不起。

为什么美国会对中国生产的新能源汽车加征100%的进口关税？因为中国电动车企业的国际竞争力太强了。中国是开放经济，来自发达国家的跨国公司也在中国生产电动汽车，比如特斯拉就在上海建立了超级工厂。现在中国的制造业进一步开放，全面取消了该领域中对外来直接投资的限制，这些政策措施会进一步强化中国市场对外资的吸引力，提升中国特定产业的竞争优势。

三、"一带一路"建设和中国式现代化

改革开放以后，中国式现代化道路一定会有全球性的影响，因为国家太大了，历史太久了，文明太灿烂了。我们现在回到那句老话，"只有解放全人类才能解放无产阶级自己"。中国一定要推动构建人类命运共同体，推动新型全球化，中国自身的发展才会有更健康、更美好的未来。中国式现代化道路、新型全球化发展模式是与整个世界的经济发展相互联系的。实现构建人类命运共同体的理念需要协调一致的行动，其中一个具体体现就是高质量共建"一带一路"。

(一)"一带一路"促进共商共建共赢

实际上"一带一路"倡议的提出有其特殊的历史背景。因为华尔街的贪婪，2008 年搞出次贷危机，引爆了全球金融危机。为了对冲次贷危机对中国经济增长的冲击，国家推出了 4 万亿基础设施建设投资，通过财政政策减弱金融危机对于中国经济的影响。关于如何运用财政政策应对外部环境带来的冲击也有不少争论，分歧主要集中在财政支出应该用于刺激消费还是增加投资上。当时的重点是放在增加投资上。建设现代化国家的要求还有很多基础设施不够完善，所以要修高速公路，建机场，造高铁，早晚用得到。4 万亿基建项目实施完成了，不仅仅是建成一批项目，同时打造了一支队伍。

全球金融危机造成的后果是持续的经济增长低迷。国内的基础设施建设有了长足的增长，世界上很多国家也需要加大对基础设施建设的投资以推动长期的经济增长。在中国的基础设施建设热潮中形成的基础设施建设的队伍变成了开展国际产能和基础设施建设的一支生力军。也就是说，我们的路修得差不多了，但是还有很多国家

的路没修好，我们有能力帮助其他国家建设基础设施。

所以习近平主席2013年在哈萨克斯坦纳扎尔巴耶夫大学做演讲时，提出了建设“丝绸之路经济带”。2013年10月，习近平主席应邀在印度尼西亚国会发表演讲时提出了建设“21世纪海上丝绸之路”的构想，构画了“一带一路”的蓝图。国家发展改革委、外交部、商务部于2015年3月28日联合发布了《推动共建丝绸之路经济带和21世纪海上丝绸之路的愿景与行动》，提出了“五通”的行动方案：政策沟通、设施连通、贸易畅通、资金融通、民心相通。这些行动的优先领域是基础设施建设。

我们过去几十年的经济发展总结出来的经验之一就是“要致富，先修路”，而基础设施建设对于经济增长的作用在经济学文献中也有很多讨论，造成发达国家和发展中国家经济发展水平鸿沟的原因之一就是基础设施建设的缺口：全球基建缺口（Global Infrastructure Gap）。这个缺口不但在发达国家存在，如有些发达国家的基础设施建设已经陈旧了，而且发展中国家更缺，缺电、缺路、缺桥梁、缺码头，很多资源运不出来。怎么样弥补这些缺口呢？

（二）基础设施建设能力缺口

经济学文献上认为是缺少资金。所以在中国提出共建“一带一路”倡议之后，美国提出“重建更美好世界”（Building Back Better World）。欧盟推出“全球门户计划”，拿出7千亿欧元开展基础设施建设，印度和中东欧洲也推出了一项“印度—中东—欧洲经济走廊”（IMEC）计划。这些计划大都是出于地缘政治的考虑，目的是对冲共建“一带一路”倡议的国际影响。

虽然这些项目都是试图模仿“一带一路”倡议，但其实很难实现，不是像经济学分析的那样简单的资金缺口，更重要的是能力缺口。能力缺口的意思就是资金的投入非常重要，但仅仅有资金，发电厂是不会平地冒出来的，得有人设计、有人施工、有人运营、有人维护。铁路不可能自己冒出来，得有人去建。

中国改革开放四十多年，甚至更长时间的基础设施打造了一支具有国际竞争力的队伍，他们可以化腐朽为神奇，就是把现金变成桥梁、发电厂、码头、城市。有中国的建筑产业作支撑，这就是"一带一路"能行的重要原因。中国的基础设施建设产业可以弥补全球基础设施建设的能力缺口。

哈佛大学商学院迈克尔·波特(Michael E. Porter)教授1990年出版了一部非常有影响力的书《国家的竞争优势》(*The Competitive Advantage of Nations*)，通过大量的实证研究，波特试图回答为什么有些国家的某些产业特别强，另外一些国家在其他产业特别强，并提出了一个由四个主要因素和两个辅助因素构成的钻石模型。四个主要因素是需求条件、要素条件、相关的支撑产业、公司战略与产业竞争，两个辅助因素是政府政策和市场机会。中国基建产业的兴起恰恰符合钻石模型描述的各种要素条件。过去三十年的基础设施的需求和劳动力市场的要素供给，加上基础设施产业内的激烈竞争，促成了在中国诞生的具有全球竞争优势的产业。中国的基础设施建设能力在建设"一带一路"方面表现特别突出，同时也是全球领先的。高质量建设"一带一路"的目标就是把中国基建能力运用到全世界。这就是中国建设"一带一路"行得通的道理，也是"全球门户计划""重建更美好世界"都落空的原因。

(三)中国式现代化的发展模式

中国式现代化的建设不仅仅是基础设施建设。建设现代化国家，光修路架桥是不行的。修路架桥的目的是什么？是为了发展经济。"要致富，先修路"，修了路干吗？是为了吸引外资、发展经济、发展新产业。

中国早期的发展经验也说明了这一点。广深高速最早的投资者是香港企业家胡应湘，在20世纪90年代修好了广深高速，公司几乎要破产了。为什么？因为当时的高速公路要收费，收费就没人用，大家都去走国道，免费的国道堵车。当时深圳、东莞的产业园也没有发展起来，高速公路的好处没有体现出来。然而随着深圳、东莞和广州的产业的兴起，过了十几年，广深高速公路全线已超负荷运作。现在大家再去看，连接广州和深圳的远不止只是一条广深高速了，多条高速连接着广州和深圳。6 月 30 日正式通车的深中通道提供了新的交通基础设施。

中国的发展经验在共建“一带一路”国家得到很好的应用。2018 年我在非洲调研，当时“一带一路”的标志性项目之一是亚吉铁路的建设，现在已经投入运营。埃塞俄比亚是非洲的一个大国，同时也是唯一一个没有被殖民的国家，但苦于没有出海口。亚吉铁路把亚的斯亚贝巴和吉布提联系起来，可以通过吉布提的港口出口。但有了亚吉铁路还不够。为什么呢？修路的目的是建成物流体系，还要有产业园和产业投资。江苏有一家企业到埃塞俄比亚投资建设东方工业园，非常成功，吸引了上百家企业入园。中国企业、印度企业都在那里投资，带动了产业发展，培训了产业工人。

所以他们总结的经验是“一路一带”：建设一条铁路，一条公路，带动了本地产业发展。没有路肯定不行，但光有路还不够。经济活跃起来了，对于基础设施建设的需求就更迫切了。

中国式现代化的发展道路可以为其他发展中国家提供有益的经验。中国式现代化的发展模式第一步是修路，修路的目的是带动经济发展，通过建设开发区促进经济发展。现在我们也在发展中国家建设境外经济贸易合作开发区，营造良好的投资环境。

另外一个成功的案例是斯里兰卡的汉班托塔港。有些西方政客和媒体污蔑汉班托塔港的建设是债务陷阱。实际上汉班托塔港的建设和运营是“一带一路”建设过程中具有典型意义的成功案例。大家知道东北亚，包括中国、韩国、日本，是真正意义上的世界工厂。在东北亚生产的产品通过印度洋运往中东和欧洲，而中东的能源通过印度洋运往亚洲，所以印度洋航道是全世界最繁忙的航道之一，而斯里兰卡就在印度洋航道的中间。汉班托塔港在斯里兰卡最南端，离国际海上航线只有12海里。汉班托塔港的地理位置决定了它是最好的中转站，问题在于如何运营汉班托塔港使其成为印度洋上的航运中心。

中国招商局有能力做到这一点。汉班托塔的商业模式就是在这里建设印度洋上的中转站。一艘集装箱货轮从宁波出发，不用装太多油，航行一半到了印度洋，也不用靠码头，加油船就跟上去加油了，非运营性的载重减少了，经营效率提高了，利润也就高了，大家可以分享利润。招商局不仅仅见证了深圳的发展，而且它是深圳的建设者，深圳的发展就是从蛇口开始的，蛇口的开发建设就是一个码头，实现了前港、后园、后厂。现在的汉班托塔港，前面是码头，后面是产业园。招商局一位年轻的经理负责产业园的发展，正在招商引资，准备在斯里兰卡再造深圳，是个非常漂亮的商业项目。

西方的一些政客在很多公开场合攻击汉班托塔港，其实很多人并不了解商业的逻辑。这样的项目需要时间去开发和运营。现在的困难有点像早期开发上海浦东新区的投资期。浦东新区开发之初有一种说法，“宁要浦西一张床，不要浦东一栋房”，经过了三十多年的发展，浦东已经成为一个世界级的金融中心。

小结

今天的报告主题是围绕中国式现代化提出来的，中国要实现2050年的长远目标，实现中华民族的伟大复兴，同时也向全世界展示通向繁荣的全新道路。殖民主义的时代已经过去了，发展中国家不可能走殖民地宗主国走过的英国的路、德国的路，发展中国家都在探索新的道路。中国的经验和中国的道路为构建人类命运共同体提供了具体的方案。每一个国家的发展道路不尽相同，有些东西不好学，有些东西则可以学，不同的国家要结合本国的实际情况才能发展。“一带一路”是人类命运共同体的具体实施，中国在这一过程中通过高质量共建“一带一路”，同发展中国家实现共商、共建、共赢的目的，推动各个国家的经济发展，而这对于中国经济的长远健康发展也有好处。

新一代山大学子一定要有全球视野，要有宽广胸怀，要放眼世界。

[提问]：武教授您好，国有企业是中国式现代化一只重要的改革推进力量，现在的国有企业在企业领导和管理体制的某种程度上有矛盾，请问您怎么看待国有企业领导与员工冲突的矛盾呢？

[武常岐]：这个问题很好。大家看到的国有企业的问题有两类，其中一类不是国有企业独有的问题，是各种所有制企业都存在的问题，就是科层式大公司都存在的问题。公司一旦大了，一定有很多管控制度。经过多年的国企改革，抓大放小，中小国企大部分都民营化了，留下的都有一定规模。另一个问题是国有企业的定位，国有企业不应该仅仅以盈利为目标。假如只是为了盈利，各种类型企业都可以实现这个目标。比如中国移动，拥有全世界最多的用户，国务院要求提速降费，这和市场经济条件下企业的目标很不一致。有人说在喜马拉雅山上都能收到中国移动的信号，但是发达国家往往只有人口密集的城市信号比较好，因为投资建基站是要有足够的用户才能有盈利前景。这就和你提出的问题有关，国有企业的使命愿景和管理层以及员工激励可能并不一致。国企的领导既要讲清楚公司的愿景、使命和价值观，也要考虑基层的绩效考核、利润指标。我认为国有企业的特点决定了其行为与完全以利润为驱动的企业不太一样。

但是我还要补充一点。现在的企业，包括民营企业和外资企业的行为也在变。企业社会责任或者 ESG(Environmental, Social and Governance)也是企业发展的重要内容,企业要存在首先要为社会做贡献。

最后就是国有企业在持续改革,大的国有企业都上市了,绝大部分国有企业至少在业务层面都实行了混合所有制,有社会资本成分。企业要发展,国有资本的实力、民营资本的活力、人力资本的能力三者都要融合,这样才能把企业做好。任何企业都可能有腐败分子,这是企业管理要讨论的一般问题。所有制会对企业管理产生影响,问题是我们要抓住影响管理制度和产生矛盾的真正原因。

[提问]:武教授您好,我有一个关于中美关系的问题。中美关系中有一种货币战争的说法,最近我们在推动人民币全球化,就您来看中美的货币战争与中国推进"一带一路"建设有什么相关性?

[武常岐]:这个问题非常有意思。现在的世界秩序是在第二次世界大战之后建立起来的,包括联合国和安理会,金融体系和货币体系的稳定通过国际货币基金组织来协调,经济发展是世界银行的责任,贸易体系最初是 GATT,现在是 WTO,货币体系就是美元代替黄金成为世界上主要的流通货币。在这样的世界秩序下,中国的经济发展起来了,中国是现有世界秩序的维护者,但是现在有些国家在瓦解现有世界秩序。比如 WTO 建立了贸易规则,任何一个 WTO 成员方不能单方面提高关税,但是 WTO 也有漏洞,如果涉及国家安全就可以提高关税。美国就利用这个条款对进口钢铁加税,不光是对中国,对欧洲、加拿大生产的钢铁也要加税。WTO 独特的贸易纠纷仲裁机制也被美国毁掉了。再就是美元,不同国家之间的贸易可以用美元计价,特别是大宗商品。但美元是美国的法定货币,今天说这个国家不能用,明天说那个国家不能用,委内瑞拉不能用,伊朗不能用,俄罗斯不能用,我们和某些国家做生意也不能用。这怎么办?那就只能使用我们的本国货币,中国和俄罗斯过去一年 2400 亿美元

的贸易额全部都不是用美元交易的。实际上中国式现代化的道路还有具体实施。中国式现代化是否包括人民币国际化？任何一个主权国家有自己的选择，选择一个国际贸易的公平交易手段。中国已经成为全球140多个国家和地区的主要贸易伙伴，成为世界上第一大货物贸易国，在国际贸易中越来越多的国家和贸易伙伴选择用人民币完成交易，这里就有商业上的逻辑。

我今天讲的核心——中国式现代化不仅仅是中国一个国家的事，是对世界有重大影响的事件。中国这些年一直在走现代化道路，中国的经济发展、中国式现代化的实现是世界的福音。中国发展了，我们要和其他国家，特别是发展中国家，共同发展。

中国式现代化的认知维度

方　雷

方雷，山东大学特聘教授、二级教授，人文社科青岛研究院院长，山东省第十四届人大代表、监察与司法委员会委员；国家“万人计划”哲学社会科学领军人才、教育部2007年度“新世纪优秀人才”、青岛市拔尖人才；国务院政府特殊津贴专家、国家教材委教育部哲学社会科学（政治学组）专家、中组部全国干部培训师资库首批专家、全国党建研究会农村专委会专家、山东省有突出贡献的中青年专家；兼任教育部政治学类专业教学指导委员会委员、中国政治学会常务理事兼副秘书长、山东省政治学研究会常务副会长、山东省领导科学学会副会长等；德国曼海姆大学、柏林自由大学、吕内堡大学、英国巴斯大学和新西兰奥克兰大学高级访问学者，客座教授；曾获宝钢优秀教师、山东大学优秀共产党员、优秀教师、教书育人楷模、“我心目中的好导师”、教学卓越奖等荣誉。1995年博士毕业留校以来从事政

治学理论与方法、政党政治与地方治理等领域的教学科研，先后主持了6项国家社科基金课题，包括2个重大项目、1个重点项目，发表了100余篇学术论文和30余篇时评，撰写学术著作10部，出版教材3部。

习近平总书记在党的二十大报告中国共产党的历史使命部分，在中国式现代化全面推进中华民族伟大复兴的命题下针对中国式现代化讲了五个重大论断：第一，中国式现代化是人口规模巨大的现代化；第二，中国式现代化是全体人民共同富裕的现代化；第三，中国式现代化是物质文明和精神文明相协调的现代化；第四，中国式现代化是人与自然和谐共生的现代化；第五，中国式现代化是走和平发展道路的现代化。可见，总书记对这个问题的界定非常深刻。但到底怎么来理解中国式现代化，我今天从四个维度，即知识体系的维度、全球视野的维度、世界文明的维度和实现形态的维度谈谈对中国式现代化的认知。

一、从知识体系的维度对中国式现代化的认知

“现代化”这个词是一个非常宽泛的概念，可以说是见仁见智，到底什么是现代化，一直到现在也没有一个统一认知的界定。给现代化下定义是一个非常艰难的事情，但是作为一种现象、一种流行的概念，“现代化”一词并不在于作为学术交流工具的清晰度和精确性，而在于能够唤起模糊而笼统的形象，这些形象有助于概括 18 世纪末和 19 世纪工业化和民族国家兴起后社会生活的各种转变。实际上现在西方国家的人已经不再讨论现代化了，现代化往往是我们这些后发展中国家津津乐道的。其实进入 21 世纪以来，包括一些后发展国家的学者也不再更多讨论这个概念了，但是对中国来讲它又有着特殊的意义。

在政治学领域，美国当代著名的政治学家亨廷顿给现代化下了一个定义：现代化是一个多层面的进程，涉及人类思想和行为所有领域的变革。这个概念实际上也是非常的笼统，也没有说出比较清晰的意思。但是亨廷顿说了一个划时代结论，在他的代表作《变化社会中的政治秩序》里面有这样一句话：“现代化滋生动乱，现代性孕育稳

定。"我觉得这句话就像阿克顿勋爵说的"绝对的权力会带来绝对的腐败"一样,可以说是一个划时代的论断。为什么这么说?亨廷顿在研究过程中发现,特别是二战之后一些新兴的民族国家在学习西方现代化的过程中,西方的那套体制和制度就像一套不合体的外衣一样,并没有给它们带来期望的结果,反而使其不断发生动荡、动乱、政变。所以他得出结论:一个国家、一个地区在追求现代化的过程中往往会滋生动乱,但是一个国家一个地区具备的现代性要素越来越多的话就会越来越稳定。这个论断可以说在今天仍然是适用的,只不过亨廷顿讲的现代性与我们讲的现代性的内涵是不一样的。从一般意义上来讲,他指的是西方所谓的自由、民主、平等、正义那一套东西,如果从我们的角度去理解,现代性的内涵就是党的二十大报告中提出的中国式现代化的那些本质要求。

概括起来,理论家们往往从两个路径对现代化的内涵进行解释:一个是关键变量法,另外一个是二分法。所谓关键变量法,主要是侧重于把现代化等同于某一个类型的社会变革,比如经济领域里的工业化、政治领域里的民主化、社会领域里的城市化、观念领域里的理性化等。比如说史华慈,他提出现代化等同于合理化的过程,而社会学家列维则把现代化等同于工业化,这是一种关键变量法的研究。还有更多的人是从二分法的角度关注传统与现代的区分,试图在礼俗社会和法理社会之间对现代化的转型进行解释。比如著名的社会学家帕森斯选了五个要素:工业领域对农业领域的主导,个人主义对集体主义的主导,世俗科学和哲学对神话和宗教的主导,发达的劳动分工和个人社会地位对世袭社会的主导,以及普遍主义对特殊主义的超越,等等。可见,现代化从概念到实现方式都存在很大的争议,显示了其理论本身是具有模糊性的。

现代化理论的直接起源是二战之后冷战格局的形成和殖民体系的瓦解,在这种浪潮下第三世界的国家纷纷开展了民族解放运动,这是现代化理论产生的直接背景。如果向更深层次去说，现代化理论的基础是人类社会按照一定的进化观点发展的思想，是和人类的进步观念密切相关的。人类基于理性的自我理解和自我确证，孕育出一种进步的思想，然后和工业主义结合，现代化理论就随之产生了。

经典的现代化理论是 20 世纪 50 年代形成的，从一开始就受到了内部和外部两个方面的批评。从内部来看，主要是因其概念和理论的模糊性而遭致批评。从外部来看，主要是因为西方中心主义的特质而饱受诟病。一直到今天，西方中心主义的思想在西方仍然是根深蒂固的。大家都能够感受到西方人的偏见、傲慢，他们对我们各方面的批评、指责或者是不客观的看法，实际上和他们西方中心主义的观念有很大的关系。黑格尔曾经说过一句很典型的西方中心主义的表达：当太阳从东方的地平线升起后，就永远挂在了西方。现代化是在传统与现代对立的基础上产生的，但是传统实际上是现代性确定之后的一种剩余概念，这种概念不仅屏蔽了传统社会的多样性和差异性，而且难以描述现代化进程中各国传统要素与现代因素混合的复杂状态。这种从传统到现代的理解本身就存在无法克服的问题。

到了 20 世纪六七十年代出现了第三种解释路径，如果说第二种解释是从传统到现代的纵向解释，那么第三种解释是横向的、现实的对比，即中心到外围，中心到边陲，这样的一种解释就出现了“依附论”和“世界体系理论”。这两种理论认为，后发展国家之所以落后，并不是因为传统的制度、传统的经济、传统的文化、传统的心理，而是因为在全球资本主义体系下，富国通过剥削穷国，将后发展国家锁定在结构性依附的位置上，后发展国家要想实现发展，只有退出世界市场，并且采取进口替代的政策。简单地说，这种依附理论和世界体系理论就是以从中心到边陲的路径来解释现代化，后来沃勒斯坦又总结出从中心到半边缘和边缘，从富国到发展中国家再到落后国家的解释路径，应该说这种解释也有一定的道理。但是总体上来看，现代化理论从内涵到实现方式都存在很大的争议，显示出理论的模糊性和实践的复杂性。

虽然在现代化的过程中，现代化理论遭受了一些批评和质疑，但是大家都承认现代化所描述的历史事实，也都承认现代化概念本身有它的效用。大家争论的焦点，无论是批评者，还是倡导者，主要是围绕着现代化产生的原因以及盎格鲁-撒克逊模式在世界其他地区是否具有可复制性，这本身就说明现代化具有内在的普遍性和特殊性。以上是从知识体系的维度去看现代化的变化。

二、从全球视野的维度对中国式现代化的认知

现代化的复杂性在于先发展国家早走了这一步，他们把自己的经验模式通过殖民的方式强加到世界其他地区。从全球视野来看，现代化的世界时间是不一样的。大家不在同一个时区，先发展国家先走到这儿了，后发展国家还没走到这个时区，各国处于不同的世界时间，所以是不一样的。

从全球的实践来看，尽管每一个国家在追求现代化的方式上或者战略选择上各有不同，但都要先后经历以下几个环节：第一个是现代性挑战的初步出现，第二个是统治权力从旧核心到新核心的转移，第三个是以城市化和工业化为内核的经济增长，第四个是社会结构的彻底重构。从现代化的发展史来看，1492 年地理大发现开始，出现所谓的人类走向世界历史。现代化的浪潮一般有三波，或者说三波半。第一波是 1492—1699 年，这一波主要是西班牙、荷兰、法国和英国，他们率先进入第一批现代化的过程。到 1699 年，实际上就是英国确立海上霸权，成为日不落帝国。这是第一波。第一波半是 1700—1789 年，此时西欧的一些国家，像英国、法国、普鲁士、奥地利，施行开明君主专制。第二波是从 1789 年法国大革命到 1945 年，

大家知道在这段时间世界上发生了很多重要的事情,特别是法国大革命的思想和制度传播到整个欧洲,西欧出现了维也纳体系,维也纳体系给西欧带来了一百年的和平发展时期。在这 150 多年中,美国的独立,还有加拿大、澳大利亚、新西兰这一波国家的出现,包括德国和意大利的统一,以及明治维新之后日本的崛起,也就是说在第二波浪潮里面,老牌的资本主义国家已经开始起来了。第三波浪潮是 1945 年到现在。二战结束以后,一批民族国家开始追求现代化,比如像拉美国家的发展,亚洲"四小龙"的腾飞,一批社会主义国家的诞生,这都出现在第三波浪潮里。实际上走到今天,还有一个变化就是冷战结束以后,出现了一些转型国家,像东欧诸国、拉美各国、东亚国家都在发生变化,我们可以把它看作第三波浪潮。这大概是现代化的全球实践经历的几个阶段。

总体来看,地理大发现之后,由西方文明和物质力量开创及巩固的所谓现代化模式,成了非西方国家追求现代化过程中必须重视的参照物,以致后发展国家的所有发展和进步都要从先发展国家的民主、法治、市场这些要素里面去寻找,去展开。西方国家给了我们一个先发展的示范,包括我们这一代人,20 世纪 80 年代社会各界都是向西方学习的。我们都知道,现代化包括三个层面,一个是器物的,一个是制度的,一个是文化的,只不过走到今天我们认为不能再亦步亦趋学习西方。但是在整个世界上出现了这么一个现象,以欧美经验为样本的,以西方道路为模板,就是习近平总书记批评的所谓"现代化等于西方化"的迷思。这是从现代化的实践来看的一种状态。

三、从世界文明的维度对中国式现代化的认知

现在大家知道最近几年习近平总书记比较关心的一件事就是中华文明探源工程,我们山东大学在这方面也做了一些贡献。习近平总书记在 2023 年文化传承发展座谈会上讲了中华文明的五个特征:

连续性、创新性、统一性、包容性、和平性。我们每一个人从小都知道世界上有四大文明古国。四大文明古国里面，我们是唯一没有中断的文明。现在来看这四大文明古国确确实实发生了很大的变化，古巴比伦文明实际上已经不存在了，我们讲的巴比伦文明是汉谟拉比王那个时代，包括空中花园那个时候的巴比伦，而现在的两河流域，现在的伊拉克和巴比伦文明没有任何关系了，这个文明已经灰飞烟灭了。我们讲的埃及文明，是公元前3000年之前金字塔那个时代的埃及，现代的埃及已经完全被伊斯兰文明覆盖了，但是这个文明留下了一个物化的东西——金字塔。我们讲的印度文明也是一个古老的文明，但是印度文明有一个很大的变化，就是改道了、拐弯了，从1600年东印度公司以来，印度文明已经完全被西方化了，特别是政治文化，政治文明被西方化了。四大文明中，我们是唯一没有中断的文明。

大家要去思考一下，为什么中国文明没有中断，作为中国人首先要知道我们这个文明为什么绵延不绝。在我看来，当然有很多的原因，其中一个比较重要的原因就是和我们的信仰有关系。中国人不信神，不信上帝，没有自己的宗教。道教不是严格意义上的宗教。中国人信的是什么呢？中国人信天道。中国人信祖先，对祖先的敬畏和对家的眷恋是我们的信仰。这是中国文明绵延不绝、影响深远的非常重要的原因。世界上没有第二个文明像我们中国人这样对祖先如此敬畏，对家如此眷恋。我们汉语里面有很多这样的成语。中国人特别讲究落叶归根，即使落叶归不了根，我们还有一个成语叫“魂归故里”。包括我们讲的光宗耀祖、光耀门庭、认祖归宗、荣归故里、解甲归田，中国人的家谱、宗祠、祠堂，这些都体现了这样一个信仰。西方有鬼节，中国也有鬼节。西方的鬼节是10月31日，叫万圣节。中国的鬼节是中元节、上元节，包括清明节。中国人在鬼节祭祖，西方人的鬼节是一种狂欢。我们燃放孔明灯，实际上代表了对祖先的追思。中国人能拿出70%—80%的精力对待孩子，能有20%—30%的精力对待父母就不错了，但是我们的父母也这样对我们，我们的孩子也这样对我们，中国人祖祖辈辈、世世代代在这样轮回，这就是我们的文明生生不息的根脉所在。

当然我们还有别的原因，比如说我们这个文明有一个很大的特点，就是对任何外来事物具有强大的改造能力和消解能力。任何东西到了中国都会被改造，想改造中国是很难的。李光耀曾经说过一句话"中国人可以颠覆世界上的任何制度"，这句话绝不是虚词。早些年我在柏林自由大学给他们作报告的时候说过这样一句话，"我们中国人、中国共产党一定能创造比民主更好的东西"。他们听了都哄堂大笑，说"你们连民主都不是，还能创造出比民主更好的东西?"我总结了世界上五个主要国家的民主的要义，美国是具有共和理念的民主，英国是具有妥协精神的民主，法国是具有集权传统的民主，德国是讲究秩序的民主，日本是团体自治的民主。从一般意义上说，尽管民主是迄今人类创造的最好的政治制度，但还是不完美。我当时还讲了民主的六个缺陷。实际上我讲这个问题的背后代表了我们要有充分的文明自信，不仅要有文化的自信，还要有文明的自信。千百年来中国还有一批士大夫维护我们各种各样的法统、道统和传统，所以我们的文明是生生不息的。

当今世界仍然是四大文明的天下。大家看看世界地图，非常有意思的是，当今世界这四大文明分别影响了世界上各占1/4的人口。现代的四大文明是什么呢？一个是西方文明，一个是中国文明，一个是印度文明，一个是伊斯兰文明，这是当今世界主要的文明。当然还有一些其他的小的文明，但这四个是最主要的。当今世界文明的生态结构，就是西方文明和伊斯兰文明在不断发生冲突，中国文明和印度文明在上升。全世界80亿人，这四大文明分别影响了16亿—17亿人。像西方文明，欧洲6个多亿，俄罗斯1.4个亿，无论俄罗斯跟欧洲搞得如何僵化，实际上本质还是属于西方文明，再加上拉丁美洲5亿—6个亿，澳大利亚、新西兰加一块3000万，再加上南非和北非受欧洲文明影响的，他们加一块有16亿—17亿。中国是14.1亿，台湾几十年来一直在2300万，香港700多万，澳门几十万，海外的华人华侨有人说6700万，再加上东亚、东南亚受中国文明影响的人有2亿—3亿，加一块也有17亿—18亿人受中国文明影响。印度去年已经超过了中国，现在是14.2亿，再加上孟加拉国、斯里兰卡，包括东非受印度文明影响的一些国家，印度的海外侨民也不少，他们加起来也有16亿—17亿。这里面最不能忽视、最不能小看的就是伊斯兰文明。大家知道全世界有多少穆斯林吗？穆斯林本身是有区分的，但是如果笼统地讲他们自己号称20个亿，现在我看到的数据是16.8亿，穆斯林是比华人分布更广的人群。全世界220多个国家和地区里面，有57个国家自称伊斯兰国家。两个最大的信仰伊斯兰教国家：一个是印度尼西亚，人口大概将近3亿；另一个是非洲的尼日利亚，人口也近2亿。印度至少得有1亿—2亿，像孟加拉国、巴基斯坦都有千万量级的穆斯林，西亚、北非更不用说都是穆斯林的天下。这就是当今世界文明大的结构。

西方文明是一种向外看的文明，是一种海洋文明，是一种向外扩张的文明，注重掠夺和索取，所以科学技术比较发达。中国的文明是一种向内看的文明。中国人注重亲情，注重前后左右的关系，所以伦理比较发达。中国人讲究慎独，“吾日三省吾身”“反求诸己”“内圣外王”。印度文明是一种向后看的文明。印度人认为今生今世的受苦受难都是为了来世进天堂，为了改变自己的种姓，所以印度的宗教最发达。最能够表征我们是一个伦理社会的是我们的语言文字，在世界上所有的语言里面只有中文能够准确表达各种各样的亲属关系和称谓。大家都学过英语，实际上不光英语，法语德语都是一样。在英语里面，姐、妹是一个单词，哥、弟是一个单词，叔、舅是一个单词，姑、姨是一个单词，爷爷、姥爷是一个单词，只有在一定的语境下才知道谁是哥，谁是妹，谁是姑，谁是姨。西方国家的人为什么称呼名字？大家想想，如果爷爷和姥爷坐在一块怎么称呼？但是，在我们中文里面是一清二楚，无论拐多少弯我们都能分清楚，包括我们讲的婆媳关系、妯娌关系、连襟关系，七大姑八大姨，表叔二大爷，都能捋得一清二楚。我们中国人还能够清楚地区分什么是姑表，什么是姨表。我们是一个伦理社会，中国人从历史上继承的最重要的历史遗产就是人情社会，西方人从历史上继承的一个非常重要的历史遗产是基督教精神，这就是中国和西方一个很大的区别。中国的人情社会、伦理社会是中国古代专制制度、集权体制的思想基础、社会基础、心理基础。中国人一遇到任何事情，无论是好事，还是坏事，脑子里面第一件事就是找人，而不是找法律、找制度，这就是我们文明的特性。

由这三大文明延伸出来的文化也是不一样的。印度文化是一个苦感文化，所以印度人能吃苦，但是他们的脸上很安详，因为每个人都有自己的灵魂归属，所以宗教信仰比较发达。印度人有了多余的社会财富会去寺庙，会搞祭祀，去建寺庙。印度会出现甘地，会出现非暴力不合作运动。我们中国实际上有一种乐感文化，中国人讲究活在当下。中国人一旦有了多余的社会财富，我们会干两件事情：第一件事兴修农田水利工程，因为我们是农耕文明，靠天吃饭，历朝历代只要有了多余的社会财富就会修农田水利工程；第二件事我们会修史、修典，盛世修文，所以我们的文明是传承有序的。印度的历史要到寺庙里面找，没有像我们这样记载得非常详细。欧洲文化是一种罪感文化。欧洲人认为每个人都有原罪，生下来就要赎罪，各个教堂都有忏悔室。日本文化和韩国文化是一种耻感文化，他们不能接受对自己有负面影响的东西，一旦有很多负面的东西就受不了。伊斯兰文化是一种圣感文化，所以有“圣战”。而非洲文化是一种悠感文化，他们不管明天能不能到来，今天该唱歌唱歌，该跳舞跳舞，该踢球踢球，这是非洲文化。总之，每一种文化的表征不一样，文明的发展也不一样。西方的文明注重人与物的关系，所以科学技术发达；中国文明注重人与人的关系，所以伦理发达；印度文明注重处理人与神的关系，所以宗教发达。

每一种文明中文化的传承方式方法不一样，追求知识的目的不一样。给大家举个例子，像亚里士多德和孔子都周游列国，但是这两个人周游列国的目的是不一样的。孔子是想“货与帝王家”。孔子周游列国是希望遇到一个贤君明主，采纳他的政治主张，能够兼济天下，指点江山。孔子为中国传统的知识分子开辟了一个宿命，即“货与帝王家”。亚里士多德也周游列国，他考察了158个城邦国家，写了一本《政治学》。2000多年过去了，到现在所有研究政治学的人都绕不开亚里士多德在这里面谈到的基本范畴、基本命题，比如国家的起源、国家的作用、政体的形式等。他在周游过程中说了一句传诵千古的话，“吾爱吾师，吾更爱真理”。中西方知识传承的方式方法也不一样。传统中国都是言传身教，师傅带徒弟，心口相传。遇到好的徒弟能够发扬光大，遇到不好的、愚钝的徒弟可能学走样子，遇到兵荒马乱可能就失传了。中国人还有一句话“教会徒弟，饿死师傅”，师傅还会留一招。西方人动不动会总结出命理、定理，不管活了死了，但命理、定理出来了。这就是我们和他们不一样的地方。中西方看待世界的方法论也不一样，西方人更多是侧重于抽象的逻辑思辨，他们开始使用的范畴都是对应的，时间与空间、相对与绝对、质量与数量，所以科学技术比较发达。我们中国自古以来就有精美的建筑，以及对天文地理的观察，但是我们从来没有发展出建筑学、天文学、地理学。几乎所有传统学科的源头都可以追溯到古希腊，这是一个不可思议的事情，从学科意义上绕不过去。像数学领域的毕达哥拉斯、欧几里得，物理学领域的阿基米德，历史学领域的希罗多德、修昔底德，政治学领域的苏格拉底、柏拉图、亚里士多德。

中国人认知世界的方法论是什么呢？我们实际上是三维空间来看问题。中国人一旦遇到任何事情，虽然脑子里面没有出现这六个字，实际上是按照这六个字来思考问题、分析问题、处理问题的。这六个字我一说大家都知道，中国人讲究“天时地利人和”，而且天时不如地利、地利不如人和。中国人特别讲究这个。西方文明强调抽象的逻辑思辨，中国人比较强调形象思维，印度人又加载了一个来世今生，是从四维空间看问题。当然欧美国家也重视来世今生，但是来世今生在印度人的观念里面是根深蒂固的，这也是几大文明不一样的地方。

概括起来说，从文明的角度来看，中国的现代化是完全不同于世界其他文明的从中华文明上生发出来的，显示为一个独立发育的文明大国的现代化成果，中国式的现代化构成了对西方现代化模式乃至深层的西方文明和价值的强劲挑战。中国式现代化到了今天，中国式现代化道路所凝练积累的经验和办法逐渐结成了中国式现代化模式。中国式现代化打破了西方现代化单一模式的幻想和历史终结论的狂妄，证明了任何发展中国家，或者任何国家必须要植根于本土化的探索。中国的现代化不仅仅是作为主权国家的崛起，更重要的是一种连绵不绝、影响深远的传统文明获得了重新契合于现代社会的充沛活力。中国的现代化和其他现代化潜在的竞争并不仅仅是牵扯到国家经济发展道路和政治社会制度的选择问题，而是在更为深刻的层面上展开的不同文明之间的全方位竞争。我觉得应该从这个意义上，从文明的角度这样去理解中国的现代化道路。

四、从实现形态的维度对中国式现代化的认知

“现代化”是中国几代人惆怅困惑的语词，我们也苦苦追求了100多年。中国式现代化是在中国共产党领导的革命、建设、改革的历史继承性和内在联系性中开辟出来的，特别是最近100多年来，共

产党为中国式现代化创造了三个基本条件:第一个是统一的领导核心,第二个是贯通的体制结构,第三个是稳定的社会秩序。中国式现代化走到今天所积累的一些经验,我们的方式方法具有独特的深层的要素,可以说是蕴含着以秩序为核心的结构性要素、以发展为要旨的策略性进路和以文明为底蕴的规范性价值,展现了现代化的普遍性和特殊性的有效统一,所以说我们正在创造人类文明的新形态。

从普遍意义上来讲,我们也接受并认同现代化作为发展的目标,所以党的二十大报告把实现现代化放在推进中华民族伟大复兴、践行中国共产党历史使命的角度上提出来。我们以开放、包容的心态学习西方的各种理论和经验。我有时候跟西方人也这么说,100多年来我们中国人是抱着学习的态度对待西方的,如果你们还这样抱残守缺地对待我们,将来吃亏的是你们。现在他们对我们是酸葡萄的心理,一方面眼馋我们的市场,眼红我们的发展,另外一方面又看不起我们。很多西方人有这种偏见。

从特殊性上来看,我们的现代化走到今天,展示了自己历史的特征和文明的特质,因为中国的现代化所蕴含的或者要承担的任务是比较重的。该过程涵盖了国家建构、民族独立、权威塑造、经济发展、体制改革等一系列不可忽视的重大主题,这使得中国式现代化相对西方现代化具有更加连续的历史视野和更加系统的深层构成要素。

首先看第一个,中国式现代化的结构性要素。

结构分化是现代化理论对传统与现代的区分,对一个国家来讲,结构分化是走向现代化一个必需的过程。一般来说,我们认为传统社会的结构是不成熟的,是分散的。尽管前现代国家是专制的,或者按照我们的话叫作专制主义国家,在西方叫作绝对主义国家,但是那个时候政府的神经末梢是比较粗糙的,统治者不可能直接触及所有的领域及范围。在西方有一句话叫"我的附庸的附庸不是我的附庸",在中国有一句话叫"皇权不下县"。专制国家或者是绝对主义国家，政府的直接控制范围并不是直接到底的。现代化社会的产生意味着有一个分散的、相互独立的地方社会走向统和的、整体性国家的国家化过程。这句话是说现代社会需要一个深层次的结构再造，在中国式现代化进程中共产党领导人民实现了构建现代国家的目标，通过国家、市场、社会的有机分化和链接以及功能的塑造为中国式现代化创造了一种现代社会的结构基础。简而言之，这个结构基础包含四个方面的要素。

第一个是以党的领导为核心的统一政治权威。我们国家和其他现代国家的建构路径、逻辑是完全不一样的。一般来说，在这个世界上现代国家的建构有三种模式。第一种是英国，他们从 1215 年《自由大宪章》开始建构现代国家，到 1688 年的光荣革命，用了 473 年的时间找到一个现代国家的路径，走了君主立宪的道路。第二种是美国，美国的开国元勋在创建美国的时候是从限制政府的权力开始，走出了一条民主立宪的道路。第三种是南美一些国家，他们在走向现代国家的过程中有一个阶段叫统合主义国家，这是军人与文人联合执政的国家，他们走出了军头立宪的道路。我们的现代国家是怎么出来的呢？我们是党建国家，先有党，再有军队，再有国家，再有议会，再有法律，中国现代国家的生成逻辑是不同于其他国家的。我们是以党建国、以党治国的路子。我们有一个以党的领导为核心的政治权威，这个政治权威在历史的过程中赋予了我们党能够引领发展、组织动员、维持秩序的政治功能，在中国走向工业化、城市化、经济发展、社会结构分化等多个层面的现代化过程中，党的政治权威就发挥了这样的功能。

第二个是以党政结构为基石的国家治理体系。这个意思就是说在中国的现代化过程中，共产党通过多种途径建构起了一个党政互嵌的双重权威体制和治理体系，在这个双重互建的结构里面我们实现了把党的政治权威和国家体制的制度权威有机融合在一起，赋予了国家强大的治理能力和治理韧性，成为我们推动现代化的一个核心驱动力。特别是新时代以来，十九届四中全会提出要推进国家治理体系和治理能力现代化。我认为，这个决议就是共产党从政策治国走向依法治国过程之中的制度治国，我们现在要创造制度的红利来推动中国的发展。

第三个是以合理赋权为特色的市场经济体制。这个世界上市场经济有不同的模式，一种是美国完全自由放任的市场经济，实际上现在也有国家的干预。再一种是像日本和法国的计划市场经济，还有一种以德国、北欧为代表的社会市场经济。实际上，我们国家在发展市场经济的过程中，也借鉴了德国的社会市场经济模式，其中包括运用一定的行政手段，如通过法律、汇率、税率等去调节。我们赋予了企业和地方一定的活力，在实现经济增长、工业化、城市化这些现代化指标过程中我们发挥了市场和地方政府的协同发展的双重效应。

第四个是以组织网络为支撑的社会协同结构。现代社会需要一个现代性的个体通过组织化链接而形成的具有凝聚力和边界相对明显的社会组织，但是在当下的中国，我们在这个方面还是比较薄弱的。在当下的中国，国家与社会之间存在着张力。为什么会产生这个张力？改革的逻辑和改革的实践之间存在一定的背离，从而产生了这个张力。这样说并不是否定改革，而是指出这么一个现象。大家知道任何一个现代社会都是由三种组织形态构成的：第一种就是具有强制性的、非营利性的政府组织；第二种是具有生产性、营利性的市场企业组织，就是我们说的公司、工厂；第三种就是西方人讲的NGO、NPO，也就是我们讲的社会组织。这三种组织都有自己的结构及其延伸出来的功能，以及约束这些组织运行的规则。一个社会发展的应然逻辑应该是市场企业组织最发达，其次是社会组织，再次是政府组织。但是，我们中国这些年来改革发展的实践是什么呢？我们的市场企业组织很发达，政府组织也很发达，然而我们的社会组织发育不够，这就是这种张力的产生原因。近些年我们在逐渐放开以推动社会组织的发展，但是在我看来还远远不够。在单位制和人民公社制解体以后，我们开始积极培育、引导各种社会组织，包括加强农村和城市社区的建设，在“两新”组织里面通过党组织引领他们，我们用相应的法律法规制度规范起来，我觉得这可能是未来重点要做的事情，就是推动社会的再组织化整合。

我们再来看中国式现代化的策略性进路。

现代化是一个复杂的系统性工程，特别是对于后发展国家，它们的现代化具有自觉建构和目标导向的特征。不同于先发展国家自生自发的现代化模式，后发展国家往往表现为自觉建构和目标导向。自觉建构就需要突出权威的重要性，目标导向就要强调手段的重要性，所以中国式现代化有效运用了政党、政府、市场和社会这些结构性要素所支撑的国家治理能力，通过政党领导、组织动员、渐进改革、技术革新这些手段的关联协作，形成了一个实现现代化目标的策略性进路，或者说这也是我们取得的经验。我把这些经验概括为以下几个方面。

一是党的领导和组织动员的有机统一。中国共产党作为现代化的领导核心和推进主体，具有政治组织和政治动员的巨大优势。坚持党的集中统一领导和强大的组织动员能力相统一，是中国式现代化采取的一种有效策略。从宏观上来看，党的领导基于为人民谋幸福、为民族谋复兴、为人类谋进步的使命树立观念层面的价值领导，依托党政合一的体制结构确立制度层面的规则领导，依靠党的统筹协调功能实现执政党总揽全局、协调各方的全面领导，党在现代化过程中实现了这样的领导，调动大量的人力、物力、财力推动现代化。在微观上是纵向到底，横向到边，通过这样一个组织体系去调动发展资源。所以说，以上两方面的结合保证了现代化方向的一致性和过程的稳定性，保证了现代化的方向和节奏。

二是统筹全局与地方试错的辩证结合。面对现代化发展多层面、多阶段、多要素的复杂现实,注重顶层设计的全局统筹和地方试错的自主创新是中国式现代化在方法论意义上的实践策略。我们国家有一个非常好的做法就是善于从历史的长镜头规划国家的发展,包括从"一五"到现在"十四五",每隔几年都要搞一个发展规划,还有过去讲的三步走。新时代以来党的文件中有三个比较重要的时间节点:一个是 2021 年,已经过去了,一个是 2035 年,一个是 2049 年。比如乡村振兴,我们说 2021 年形成政策体系,2035 年实现农业农村基本现代化,2049 年实现农业农村全面现代化。国家治理的决议提出,2021 年我们的制度更加成熟,更加定型,2035 年我们的制度更加完善,2049 年我们的制度更加巩固。地方试错也是我们的经验。改革开放以来,我们实际上是摸着石头过河。我们既没有在政治上照搬西方的东西,也没有在经济上照搬西方的东西,而是通过不断的试错寻找我们自己的发展道路。我们的地方试错有以下三种方式:一种是自主探索,一种是地方设计,还有一种就是授权。这三种方式构成的地方试错模式有效融通了中央顶层设计与地方自主试错的统筹协调优势,为中国现代化发展赋予了接受新信息、探索新方法、改进国家政策的发展适应力。

三是渐进改革与有序推进的同步协调。中国现代化发展的基本经验是渐进改革与有序推进相协调,在维持稳定发展秩序的同时,实行渐进主义的改革策略。在从计划经济体制向市场经济体制的转轨中,党和政府选择了从体制边缘向中心地带渐进改革的总体路径,通过先易后难、试点先行、由点及面的方式,逐渐将国家体制改革推向纵深。中国现代化的推进过程与布局,紧紧围绕社会主要矛盾,以经济发展为中心,同步协调展开全方位建设。这一主次有序的发展策略确立了从摆脱贫困、解决温饱到初步达到小康,再到全面建成小康社会,最后到实现现代化、实现民族复兴的现代化目标体系。在上述意义上，可以说，尽管中国式现代化的渐进改革在某些方面和某些时候具有适时而变的自发特征和不确定性，但是，总体上始终基于长期的发展规划和系统性的目标体系，从而有效确保了改革发展始终处于可控状态。

四是体制改革与技术革新的双向促进。配合渐进主义的体制改革，大力革新科学技术是中国式现代化维持驱动力的另一关键手段。伴随着渐进主义的改革，我们大力推进技术创新、技术革新，现在赶上了第四次新科技革命的浪潮。中国的技术革新，从模仿到购买，再到集成创新，然后再到自主创新，我们的发展是在走这样的路子。我们说创新是第一驱动力，特别是中国的现代化转型的动力，既来自政治、经济、文化包括社会体制的改革释放出来的活力，又来自市场经济所包含的自由竞争。我们是在市场经济的条件下搞技术创新和新兴产业的发展，是在既有业态之外打开新的空间。我们不是弯道超车，是换道超车，包括中国电车的发展都是走这样的路子。

我们最后来看中国现代化的规范性价值。

除结构性要素和策略性进路之外，中国式现代化道路能够取得巨大成就与其遵循的规范性价值密不可分，主要包括以人为本的发展理念、共同富裕的目标追求、勇于变革的创新思维、大国风范的责任担当和包容并蓄的文明特质。这些规范性价值具有原因与结果双重属性，既内在于中国现代化的发展过程，又外显于中国式现代化的示范效应。从现代化过程来看，上述价值发挥着规范约束中国式现代化进程的作用，为国家发展确立了目标导向和原则遵循；从现代化结果来看，中国式现代化的巨大成就赋予这些规范性价值以强大的影响力，使世界各国得以感受中国现代化的文明底蕴。中国的现代化发展绝不仅仅是在国内生产总值（GDP）上成为世界第一，更重要的是我们要打造出与自由民主相提并论的价值。如果我们不能够打造这样的价值的话，就不会影响到别人，别人也不会听我们的。现在世界上西方国家天天围绕自由民主制造话题，我们要想引领世界的发展，就必须打造出与其相提并论的价值理念。中国人和西方人认知世界的出发点不一样，西方人注重的是个体主义，我们中国人更多注重的是整体主义。中华优秀传统文化的价值理念里面有很多是高于西方自由民主的东西，应该进行好现代性的诠释，并将其推向世界。中国式现代化只有体现出规范性的价值才能够构建出具有本土特色和全球影响的新的文明体系。中国 40 多年的改革开放，正在做的是一次典范的变革，是一种文明范式的转化，我们不仅仅是经济崛起，实际上更多的是打造一种新的文明范式，这样我们才能在世界上立得住。

第一个是以人为本的发展理念。大家知道现代化的本质实际上是人的现代化，而人的现代化无外乎两个方面：一个是摆脱前现代性的观念和制度的影响，一个是突出强调人的主体性。而中国人讲的以人为本恰恰是可以把两者融合起来。中国共产党这 100 多年，为什么能够走到今天，实际上是坚持了人民至上的理念。我们强调以人为本，为民族谋复兴，为人民谋幸福，这就是共产党强调的发展理念，任何时候不能脱离这个。中国式现代化将上述两个层面的人的现代化内涵统一于以人为本的发展理念，始终坚持发展为了人民、发展依靠人民，把维护最广大人民群众的根本利益作为国家现代化必须遵循的根本原则。以人为本的发展理念不仅应是中国式现代化道路必须遵循的规范性价值，更应当成为各国现代化的共识性价值。

第二个是共同富裕的目标追求。共同富裕作为中国社会主义现代化的基本规定和发展目标，是我国以人民为中心的发展思想的具体体现和实践要求，具有破除贫富悬殊、增强国家凝聚力、巩固社会主义制度的内在功能。中国在推进现代化的过程中，始终以共同富裕为目标追求，致力于让人民共享发展成果。早在 1953 年，《中共中央关于发展农业生产合作社的决议》就提出“共同富裕”的概念。改革开放后，邓小平提出“让一部分人、一部分地区先富起来”，带动其他人和其他地区的富裕，最终实现共同富裕。在新时代，随着经济发展取得长足进步，共同富裕更成为中国式现代化的重要价值标准。最近几年，我们突出强调共同富裕，包括搞第三次分配等等，加大社会保障的力度，实行普惠制，这些都是在推动共同富裕。共同富裕最关键的是什么？就是要坚持公平正义，如果没有公平正义，不可能实现共同富裕。可见，在长期的现代化探索与发展中，共同富裕一直是中国现代化的目标追求。

第三个是大国风范的责任担当。凝练核心价值是为了影响世界，而要想赢得别人的尊重，必须要有大国的担当。国与国的关系和人与人的关系一样，一个人有担当才能赢得别人的尊重，所以我们不能老是说中国人把自己的事情做好了就是对世界的贡献，虽然这句话也有一定道理，但是我们必须在世界上承担全球责任、历史责任，才能够赢得在世界的战略地位。这些年我们在不断地做这些事情，做得越来越好，包括在疫情期间我们帮助了世界上很多国家，我们参与了联合国的反毒品、反恐以及派维和部队等，这些都说明中国在不断做出大国的担当。特别是 2023 年，我们又提出了全球发展倡议、全球安全倡议和全球文明倡议，调停了伊朗和沙特的矛盾，在阿拉伯世界赢得了尊重。一个负责任的大国，这是我们要塑造的形象。

第四个是包容并蓄的文明特质。中国式现代化内含着深厚的文明底蕴，并具有开放、包容的文明特质，这既来源于中华文明几千年的历史连续性，又与近代以来中国开放借鉴、兼收并蓄世界现代性文明成果密不可分。我前面讲中国的发展一定要打造出一种新的文明形态出来，习近平总书记讲中华文明的五大特征其中一个特征就是包容性。中国文明兼容并蓄，我们不仅要融入世界，还要更好地丰富世界文明，这是大国的规范性价值需要创造的东西。在此意义上，中华文明的复兴必然为世界文明的多样性做出贡献。

中国正在进行的是当今世界最伟大的社会实践，中国式现代化道路形成的快速、稳定、可持续发展的社会模式必将成为中国对世界追随更加美好的道路的一种贡献，所以我们倡导的价值观、我们凝练的发展模式、我们对外政策的主张，一定会进一步在世界上产生共鸣和影响。我的理解就是中国式现代化，中国的发展一定是两个方面，一个是对中国的历史传统，另外一个是在对世界的现代经验有足够的理解和传承的基础上，重新确立中国文明在全球文明的地位。这应该是我们的追求，我们大家一起努力。

[提问]：尊敬的方教授，老师们、同学们，大家晚上好！我是山东大学马克思主义学院2023级社会主义研究生，非常荣幸有此次机会进行交流与提问。习近平总书记在文化传承发展座谈会上强调了两个结合，特别是第二个结合的重要意义。他指出，第二个结合是马克思主义中国化、时代化历史经验的深刻总结，是对中华文明发展规律的深刻把握，也是理解中国式现代化深层逻辑与内涵特征的认识论与方法论。对此，想请教一下方教授，您认为如何更好地实现第二个结合与中国式现代化的结合呢？谢谢教授。

[方雷]：谢谢这个同学，这个问题非常重要，也非常大。党的二十大报告谈到的中国式现代化，在我看来这里面有八个字特别重要，当时就吸引了我的眼球，“丰富人民精神世界”。这是在党的文件里面第一次提“丰富人民精神世界”，讲现代化的本质要求，还有两句话，就是“物质富足、精神富有是社会主义现代化的根本要求。物质贫困不是社会主义，精神贫乏也不是社会主义”。在中国式现代化里面专门提出“丰富人民精神世界”，大家想想“丰富人民精神世界”是什么？“丰富人民精神世界”在我看来就是要把过去一百多年前没有做成的事情做起来，没有做完的事情做完。一百多年前中国发生了一件事，就是大家都知道的五四运动。我们给五四运动的界定是伟

大的爱国主义运动，实际上五四运动在我看来，对中国来讲还有更深刻的意义在于，它是中国几千年来第一次的现代性启蒙，我们那个时候倡导民主、科学和自由。但是，五四运动的时间太短暂，只有短短的两三年就被救亡图存的压力给掩盖了。整个20世纪一百年中国人在干什么？五四运动前后十几年是军阀混乱，然后国内战争、抗日战争、解放战争，建立新中国，邓小平领导我们改革开放。整个20世纪，中国人在革命、斗争、打仗、建设、改革，我们没有顾得上做这件事情，即丰富人民的精神世界。现在重新在中国式现代化里面提“丰富人民精神世界”，在我看来就是两个向度：一个是我们要继续进行现代性的启蒙，另外一个我认为更重要的是要补中华优秀传统文化这一课。这就和总书记说的第二个结合联系在一起了。

最近这几年我们一直在提两个结合。第一个结合，只要跟着共产党干就行了，共产党用了一百多年的时间交出了一份满意的答卷，我们找到了中国的革命道路、建设道路、改革道路，第一个结合实际上我们做得是不错的。但是第二个结合，思想文化的结合，是头脑里面的结合，这个结合更难，中国人要想树立真正的文化自信，必须要解决的问题就是把马克思主义与中华优秀传统文化相结合。很多学者在写这方面的文章，但是在我看来很多人都忽略了一个非常非常严肃的问题。这是我的看法，我说的不见得对啊。我今年快60岁了，我的父辈还有一些中华优秀传统文化的修养，我一出生就是“文化大革命”，更不用说“70后”、“80后”、“90后”，甚至像“00后”。我的意思是什么呢？你脑子里面都没有中华优秀传统文化的修养？你拿什么来结合？这是不是最尖锐的问题？我们不要老是去喊口号，把马克思主义与中华优秀传统文化结合，你连四书五经都没看过，古典名著都没看过，繁体字都不认识，你拿什么去结合？这不就是一句空话吗？所以我说我们14亿中国人都要先补课，先把优秀传统文化的内容补上来。习近平总书记讲了很多原则性的、方向性的东西。

比如说2013年他在考察曲阜时讲了“两创”，党的二十大报告讲了十个成语、四个观、两个通、两个基础，全面阐述了第二个结合。十个成语是“天下为公、民为邦本、为政以德、天人合一、任人唯贤、革故鼎新、自强不息、厚德载物、亲仁善邻、讲信修睦”，四个观是“宇宙观、天下观、社会观、道德观”，这十个成语和四个观是和马克思主义相契合的。两个通就是把马克思主义的精髓和中华优秀传统文化的精华贯通起来，和老百姓日用而不觉的共同价值观念融通起来，夯实我们的群众基础、历史基础。

在2023年文化传承发展座谈会上，习近平总书记又讲了五个方面的第二个结合，结合的前提，结合的结果，结合筑牢了道路根基，结合开辟了创新空间，结合巩固了文化主体性。总书记讲的这些东西都非常好，但是落实到每一个人上，我觉得更重要的是把优秀传统文化的内容好好补一补，特别是年轻的学生更应该去补补这方面的东西。我甚至给学生说，你们把总书记说的这十个成语好好补一补，每周组织大家去学一学，去发表这方面的看法，这不也是在补吗？只有把这个东西做起来，才能够真正实现第二个结合，也就是“丰富人民精神世界”的现代化会越来越好。

[提问]：方老师您好，我是马克思主义学院23级博士研究生，很荣幸能参与今天这样一场学识的盛宴，跟随您一同进行一场头脑风暴。西方的现代化模式取得巨大的成就，但是随之而来的现代性至暗面也是无法忽略的。您刚才也讲到了中国式现代化打破了西方现代化单一模式的幻象，所以我想请教一下中国式现代化新道路对西方现代化模式的超越性体现在哪几个方面。

[方雷]：谢谢你的问题。首先一个问题，后发展国家不可能沿袭先发展国家同样的道路走向现代化，本身就有它的特殊性在里面。中国式现代化对于西方的超越，我简单概括为这样几个方面：第一个是超越资本逻辑。我们在发展市场经济过程中，早些年很多的企业、

很多人被资本绑架,这个大家也能够看到,或者是我们一度出现了一些乱象就是被资本绑架。第二个是超越差异社会,实际上就是我刚才提到的共同富裕,我们的现代化如果出现了很大的贫富分化,出现了很大的社会差异这就说明我们失败了。第三个是超越自由民主。我们要深入思考全过程人民民主在哪些方面是优于西方的。第四个是超越西方霸权。中国人爱好和平,中华文明具有和平性,我们能不能摆脱这种国强必霸的逻辑。第五,超越西方的知识传统。举个例子,在国家与社会的关系上,西方的知识传统都是默认了国家与社会之间的对立,或者说是异质性。中国式现代化如果能找到国家与社会之间的平衡点,化解国家与社会之间的张力,就超越了西方的知识传统,同时也会丰富马克思主义关于国家与社会关系的理论。所以我期盼着中国式现代化的理论创新能够对人类普遍的知识体系做出贡献。

最后我概括了这样几句话,就是我们能不能在民主政治与贤能政治之间,在市场经济与道义经济之间,在法治社会与礼俗社会之间,在现代文明与自信文化之间,在和平共处与天下大同之间找到我们新的增长点,超越已有的现代化模式。期盼着中国能做出这样的成就。谢谢大家!

中国经济改革发展的历史与现实逻辑

胡金焱

胡金焱，青岛大学党委书记，经济学博士，教授，博士生导师，享受国务院特殊津贴专家，山东省社会科学名家，山东省中青年突出贡献专家，山东省教学名师。兼任教育部金融学专业国家教指委副主任，山东省社科联副主席。主要研究领域为民间金融、普惠金融、数字金融等。在*Journal of Comparative Economics*，*Journal of Banking and Finance* 及《经济研究》《金融研究》《中国工业经济》等国内外权威期刊发表论文百余篇；在《人民日报》《光明日报》《经济日报》等国内主流报纸发表文章60余篇，出版著作、译著、教材20余部。主持国家社科基金重大项目、重点项目，国家自然科学基金重点项目、面上项目等多项。

当前是以中国式现代化全面推进强国建设、民族复兴伟业的关键时期，而中国式现代化需要经济改革发展提供强大支撑。我今天给大家分享的主题是从逻辑上探讨我国经济改革发展的历史脉络和内在机理。首先，从需求侧和供给侧两个维度，厘清经济改革的历史逻辑；其次，通过分析从内循环到外循环，再到双循环的发展路径，探究新发展格局的现实逻辑；最后，对当下经济运行与政策选择进行分析。

一、从需求侧到供给侧的经济改革逻辑

（一）需求侧改革推动经济高速增长

1978 年，我国开始改革开放，其目的是摆脱贫困，解决温饱，奔向小康，最终实现共同富裕。这个过程中，显然是要把经济的蛋糕做大，让人民过上好日子。要想将蛋糕做大，就要通过拉动投资、刺激消费、推动出口，这就是经济增长的“三驾马车”。“三驾马车”是需求侧，即投资需求、消费需求、出口需求，实际上就是通过需求侧改革来推动经济增长。回顾改革开放的历程，需求侧改革带来了中国经济 30 多年的辉煌史，创造了人类经济增长史上的奇迹，取得了巨大成绩。我们可以从以下几个方面来说明。

第一，经济增长速度。1978 年改革开放到党的十八大之前，这 30 多年中我国 GDP 的平均增长速度为 9.5%，中间即使有些短暂的波动，但总体上我国经济是持续增长。我们超过了世界上任何一个国家的 GDP 增速，包括东亚最早成为发达国家的日本和韩国，而同一时期全世界的经济增长平均仅仅不到 2.8%。

第二，经济总量。1978 年改革开放伊始，我国的经济总量在全世界排 15 名，由于我国人口体量大，经济长期处在一个贫困、没有解决温饱的状况。改革开放以后，我们在需求侧改革带动的发展过程中，经济开始高速增长，2008 年超过德国进入世界第三，2010 年超过

日本，成为世界第二。到了2020年我国GDP突破100万亿人民币，2023年达到126万亿人民币，按照美元计算，接近18万亿美元，而全世界GDP超过10万亿美元也就只有美国和中国。

第三，人均GDP。从人均来看，1978年我国人口不到10亿，人均GDP才200多美元，这是极度贫困的。到了2012年，我国人口已经到了13.5亿，人均GDP超过了6100美元，已经达到了中等收入国家的水平。2019年，我国人口达到14亿，但人均GDP过了10000美元，2023年人均GDP以当时汇率计算约12700美元，按照2022年世界银行新的收入标准，高收入国家的最低标准为人均13200美元，我们大约差500美元，已经接近发达国家的门槛值。从经济增长的角度看，虽然我国人口在不断增长，但是我们的人均GDP增长速度远远超过人口增长速度，因此才能日渐接近发达国家的门槛。1978年我们人均GDP和印度差不多，而现在印度大约是我们的1/5。

第四，对世界经济增长的贡献。从2006年开始我国连续15年左右成为全球对世界经济增长贡献最大的国家，其贡献率超过30%，所以说中国是世界经济增长的主引擎。近年来随着全球经济低迷，我国经济也受到很大影响，但我国仍然是全球各经济体中增长最快的国家之一。中、美、日对世界经济增长的贡献率变化可以反映这一事实(见图1)。

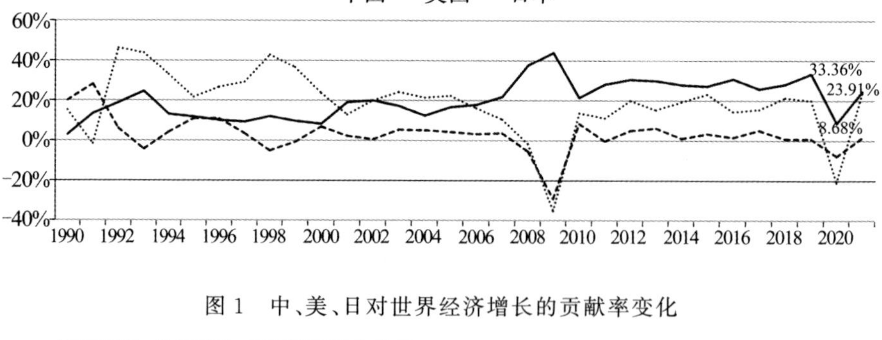

图1　中、美、日对世界经济增长的贡献率变化

数据来源：世界银行、国际货币基金组织

与此相对应的就是中美经济增长的对比(见图 2)。从中、美、日1970—2022 年 GDP 占全世界比重可以直观地看出中国经济总量与美国不断接近的过程,该图也清晰地揭示了为什么美国要遏制中国,为什么会和我们发生贸易摩擦。我们现在的情形与当年的日本相似。20 世纪 80 年代美国经济出现滞胀,日本经济扶摇直上,《广场协议》以后,日元升值,美元贬值,日本经济不断崛起,直至达到美国的70%。为此,美国全力打压日本,导致日本经济掉头向下,一路下滑,在全球经济中的占比不断下降。当年日本 GDP 达到占全球17.60%,现在仅占全世界的 5%左右。中国当年经济在全球毫无显现度,而今呢? 2022 年美国 GDP 占全球的 25.50%,而我们达到了18.06%(2023 年美国 GDP 占全球的 27.30%,而我们也达到了17.20%)。与日本同样的情形再现,我国的 GDP 也超过了美国 GDP的 70%。于是,美国将打压的对象由当年的日本变成了今天的中国,这就是今天我们看到的美国不遗余力、歇斯底里般疯狂打压中国,极力滞迟中华民族的崛起。

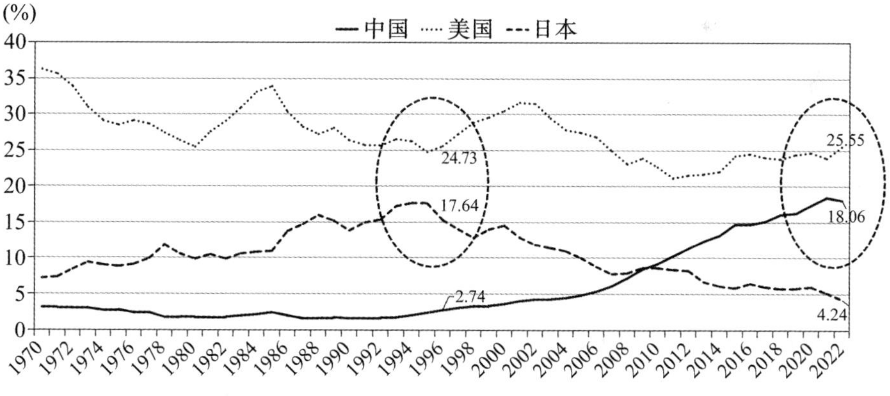

图 2　中、美、日 1970—2022 年 GDP 占全世界比重

数据来源:世界银行

第五，外汇储备。1978 年我国的外汇储备只有 1.67 亿美元，改革开放后，随着我国经济快速增长，外汇储备不断增加，但直到 1996 年，我国外汇储备仅是日本的 1/2。而到 2006 年初，我国外汇储备全面超越日本，之后二者差距不断放大。2012 年底，我国外汇储备超过 3.3 万亿美元，日本不到 1.27 万亿美元，我们是日本的 2.6 倍！这些年我们调整外汇储备结构，但截至 2024 年 6 月，我国外汇储备为 3.2 万亿美元，日本 1.23 万亿美元，基本没有改变这一个局面。

以上五个方面的数据可以说明需求侧改革支撑了中国经济 30 多年的高速增长。同时，我们还需要思考另外一个问题：这些指标证明我国在经济发展上取得了巨大成就，而这背后的支撑因素是什么？我总结为四大因素。

第一，在全球产业分工过程中，发达国家把中低端产业向发展中国家转移，正好中国改革开放开始，所以承接了这个历史时期，使得我们成了世界大工厂，全世界的商品都是中国制造，所谓“Made in China”。

第二，我们以各种各样的优惠条件开放、招商引资。我们过去经济增长有三大法宝，即招商引资、土地财政、融资平台。我们通过优惠政策，搭建平台，使得全球的资源、资本投到中国，从以“来料加工”“来件装配”“来样加工”和“补偿贸易”为特征的所谓“三来一补”到以合资、合作和独资为代表的外商外资企业，所谓“三资企业”，使我们在开放的大潮中也成为世界大工地。

第三，很多地方为了追求 GDP 的增长不惜血本，环境破坏严重，我们经济增长背后也付出了沉重的环境代价。一系列卫生安全、食品安全、生产安全事件，都使我们在高速增长过程中付出了巨大代价。

第四，全世界利用中国廉价的劳动力、低廉的成本，让我们成为世界工厂。

然而，世界大工厂、世界大工地、世界打工仔，以及资源环境遭到破坏的增长模式日益不可持续。尤其是，随着我国经济总体走向小康，也证明这条道路不能、也不必继续走下去。我们要对需求侧改革进行反思。一方面，我们要承认改革开放以来需求侧改革对中国经济所做的重大贡献，取得的巨大成功；另一方面，需求侧改革作为总量的改革，在其长期推进过程中，我们虽然取得了一个个短期高速增长带来的总量成果，但是却因外延扩张、粗放经营导致的资源消耗、环境牺牲付出了发展的代价。为此，经济社会必须从短期的高速增长转向长期可持续发展，也就是转变发展方式，将增长速度降到中高速，努力将经济结构调到中高端。于是，经济走向新常态，产业迈向中高端就呼之而出。

（二）供给侧结构性改革助力高质量发展

2014 年 2 月，《十八大以来习近平同志关于经济工作的重要论述》首次对中国经济发展阶段做出判断，指出中国经济处于“三期叠加”时期：经济增长速度换挡期、结构调整阵痛期、前期刺激政策消化期。2014 年 5 月，习近平总书记在河南考察时表示，我国发展仍处于重要战略机遇期，我们要增强信心，从当前我国经济发展的阶段性特征出发，适应新常态，保持战略上的平常心态。这说明中国经济进入了新的时期，经济增长速度由高速增长转向中高速增长，成为将来的新常态。过去我们留恋于高速增长，但这个阶段将会离去，换来的是一个中高速增长新常态，这一新常态需要我们做出新的适应。2017 年，党的十九大报告明确指出，我国经济已由高速增长阶段转向高质量发展阶段。所谓高质量发展阶段，就是要转变发展方式，优化经济结构，转换增长动力。

如何实现高质量发展，需要将原来的需求侧改革转向深化供给侧结构性改革，通过强化深化供给侧结构性改革来推动经济的转型。

如何推进供给侧结构性改革？一个是存量改革，就是推进传统创业的提质增效，结构调整，转型升级；另一个是增量改革，就是以创新驱动引领高质量发展，即从过去主要依靠投资拉动、要素驱动转向创新驱动，促进发展方式转变，经济结构优化，增长动能转换，实现产业迈向中高端。这些年来，我们取得了很大的成效。

第一，经济结构不断优化。改革开放以来，我国三次产业结构不断调整优化，从改革初期“二一三”结构调整到20世纪80年代中期之后“二三一”结构，2012年以来，第三产业占比超过第二产业，呈现出“三二一”的产业结构。第三产业快速发展，成为我国经济增长的主要推动力。2023年三次产业增加值占GDP的比重分别为7.10%、38.30%和54.60%，对经济增长的贡献率分别为5.90%、33.90%和60.20%。

第二，产业转型升级不断加速。2011年以来，我国高技术制造业增加值增速超过工业整体增速并始终保持较高速增长，成为助推工业持续增长的新动能。2019—2022年主要国家或地区高技术产业出口总额中，中国高技术产业出口总额在过去10年间增长了数倍，已经远远超过美国，并在数年里位居全球第一，其中，2021年达到9423亿美元，欧盟为7609亿美元，美国仅1962亿美元（见图3）。因此，在高新技术产业总量上，中国是不输给全世界的；但我们的问题是在高端技术上，也就是所谓“卡脖子”技术上，还受制于欧美。这也就是为什么我们要大力实施创新驱动战略，推进产业迈向中高端。

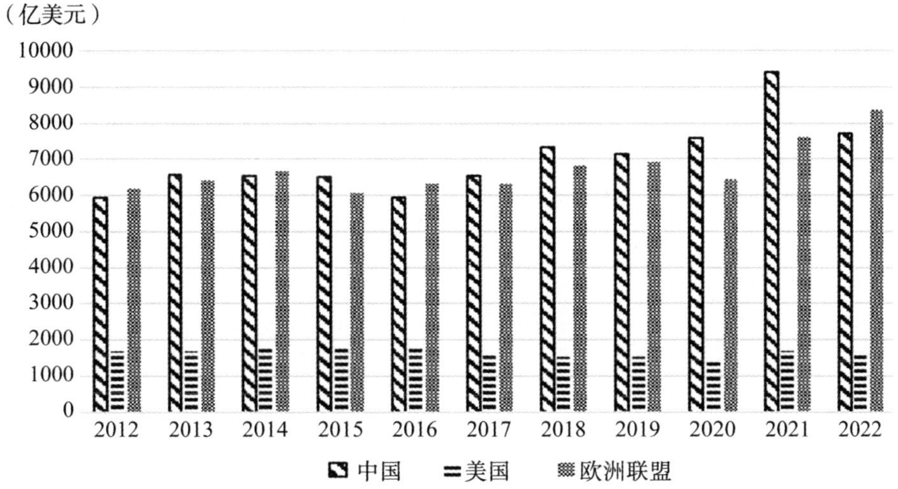

图 3　2012—2022 年高科技出口额

数据来源:世界银行

独角兽企业是高成长性创业公司、高新技术企业的代表。根据胡润研究院发布的《2024 全球独角兽排行榜》,美国独角兽企业为 703 家,中国排名第二,达到 340 家(见表 1)。全球独角兽企业排名中,前 10 位中我们占了 4 席,美国也是 4 个,前 20 位中我们占了 9 席(见表 2)。

表 1　2024 年全球独角兽企业排行榜

国家	独角兽企业数量	代表性城市	独角兽企业数量
美国	703	旧金山	190
		纽约	133
中国	340	北京	78
		上海	65
		深圳	34
印度	67	—	—
英国	53	伦敦	46
德国	36	—	—
法国	27	—	—

数据来源:胡润研究院

表2 2024年全球独角兽企业排名(亿元人民币)

排名	企业	价值	国家	排名	企业	价值	国家
1	字节跳动	15600	中国	11	Telegram	2100	阿联酋
2	SpaceX	12800	美国	12	米哈游	1600	中国
3	OpenAI	7100	美国	13	城堡证券	1550	美国
4	蚂蚁集团	5700	中国	14	Chime	1500	美国
5	希音	4600	中国	15	Northvolt	1430	瑞典
6	Stripe	4300	美国	16	Oppo	1430	中国
7	Databricks	3050	美国	17	蓝色起源	1430	美国
8	Canva	2800	澳大利亚	18	Vivo	1400	中国
9	币安	2400	马耳他	19	滴滴	1350	中国
10	微众银行	2350	中国	20	京东科技	1350	中国

数据来源:胡润研究院

第三,新兴服务业快速成长。信息传输、软件和信息技术服务业等新兴服务业产值从2011年“十二五”规划之初的1.03万亿元快速增长至2023年的5.52万亿元,2023年增速为15.20%,远远超过5.80%的服务业整体增速,成为助推服务业持续增长的新动能。

根据《新产业新业态新商业模式统计分类(2018)》和《新产业新业态新商业模式增加值核算方法》,近年来,以新产业、新业态、新商业模式为内容的“三新”经济增加值从2016年的11.36万亿元提升至2023年的22.35万亿元,“三新”经济增加值相当于GDP的比重达到17.73%。

近年来,我国的研发投入在不断增长。我国研发人员全时当量由2012年的324.70万人年提高到2022年的635.40万人年,研发人员总量连续9年居世界首位;R&D经费支出位居世界第二,占GDP的比重从2011年的1.84%提高到2022年的2.55%,支出比重与美国的差距在缩小(见图4)。我国工程师人数逐步上升,理工科毕业生逐年增加，开始从人口数量红利转向工程师红利。

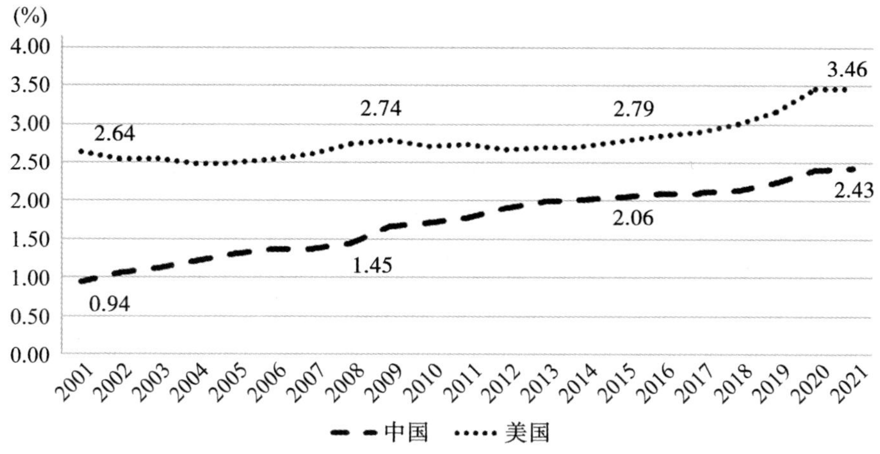

图 4　中国和美国研发支出占 GDP 的比重

数据来源：国家统计局

我国越来越注重专利研发，从 2012 年开始，我国的专利申请量已经超过美国，我们在专利技术上开始形成规模。近年来我们的区块链技术发展很快，我国在区块链领域的专利在全世界处于领跑地位。有数据表明，2009—2022 年，全球区块链领域专利授权量 37595 件，中国专利授权量 22457 件，占比达到 59.70％；美国专利授权量 8950 件，占比为 23.80％；日本专利授权量 1339 件，占比仅为 3.60％。

此外，我国在数字经济、5G、人工智能、工业互联网、新基建等领域快速推进。其中，在 5G 领域，华为已经走到全球的领先位置。

结合现实归纳一下，中国的改革是从需求侧启动，带来了 30 年的增长红利，给人民、给经济社会发展创造了巨大的福祉，但我们也付出了一定代价。以供给侧结构性改革为主线的改革将我国经济带入了追求可持续发展、高质量发展的新阶段。我们从过去靠投资、消费、出口等要素驱动、投资拉动转向创新驱动，实现了成功转型。以上便是我国从需求侧改革到供给侧改革的基本逻辑。

二、从内循环、外循环到双循环新发展格局

习近平总书记指出，改革开放前，我国经济以国内循环为主，进出口占国民经济的比重很小。改革开放后，我们打开国门，扩大对外贸易和吸引外资。特别是2001年加入世贸组织后，我国深度参与国际分工，融入国际大循环，形成市场和资源"两头在外"的发展格局，对我们抓住经济全球化机遇快速提升经济实力、改善人民生活发挥了重要作用。

在这里，我们剖析一下中国经济在全球关系中从内循环到外循环再到双循环新发展格局的形成历程。

（一）从沿海开放到外向型经济战略

1978年底，邓小平同志提出"部分先富带后富"思想，中央做出改革开放决策，酝酿选择优先开放和发展的地区。根据我国的地理条件和经济发展状况，中央首先把东部沿海地带作为对外开放的前沿阵地。1979年中央决定设立深圳、珠海、汕头、厦门经济特区；1984年党的十二届三中全会作出《中共中央关于经济体制改革的决定》，把对外开放和发展对外经济关系提到战略高度，将14个沿海港口城市和海南岛确定为开放城市和开放地区，沿海地区形成了南北全线对外开放的战略布局；1985年，将珠江三角洲、长江三角洲和闽南三角地区确定为经济开放区，随后扩大到山东半岛、辽东半岛两个半岛，从而形成了一个沿海开放地带；1986年第六届全国人大第四次会议将全国划分为东、中、西部三大经济地带，制定了以三大地带梯度推移为主要内容的地区经济发展总体计划，确定20世纪最后十几年国家投资重点首先集中于沿海地区。

1979—1987年，经过近10年的改革开放实践，我国沿海地区经济发展战略日趋酝酿成熟。为此，1987年党的十三大报告指出："当今世界是开放的世界。我们已经在实行对外开放这个基本国策中取

得了重大成就。今后,我们必须以更加勇敢的姿态进入世界经济舞台,正确选择进出口战略和利用外资战略。”

按照党的十三大精神,1988 年 1 月中央提出了一份关于加快沿海地区对外开放和经济发展的报告。该报告强调要走向国际市场,进一步参与国际交换和国际竞争,大力发展外向型经济。

第一,沿海地区应注重发展劳动密集型产业,以及劳动密集与知识密集相结合的产业。

第二,沿海加工业要坚持“两头在外”,把生产经营过程的“两头”即原材料和销售市场放到国际市场上去,大进大出。

第三,大力吸引外商投资,发展“三资”企业。

1988 年第七届全国人大政府工作报告明确强调“不失时机地加快实施沿海地区经济发展战略”,要求沿海地区继续扩大对外开放,加快发展外向型经济。至此,沿海地区发展外向型经济的战略决策得以确立。

在此过程中,理论界提出的“国际大循环经济发展战略”对沿海开放战略的形成做出了一定的贡献。

1987 年 11 月,国家计委经济研究所王建副研究员在新华社内部刊物《动态清样》发表了一篇题为《走国际大循环经济发展战略的可能性及其要求》的文章。此文后以《选择正确的长期发展战略——关于国际大循环经济发展战略的构想》为题,发表于 1988 年 1 月 5 日的《经济日报》。作者认为,我国要实现产业结构转换和经济高速增长,必须加入“国际大循环”,在沿海地区进一步扩大开放,充分利用我国相对高素质低成本人力资源丰富的优势,大力发展劳动密集型的加工业外向型经济,大搞来料加工和进料加工,通过将生产经营的两头(原材料和销售市场)放到国际市场上,实现“两头在外、大进大出”,一方面解决农村剩余劳动力的出路问题,另一方面在国际市场上获得经济发展所必需的外汇资金。通过积累的资本带动基础工业和基础设施等资金密集型产业和附加价值高的重加工业发展，最后反哺农业，形成一个循环，即所谓的“国际大循环”。

“国际大循环经济发展战略”提出利用我国劳动力资源优势发展外向型经济，参与国际经济大循环的构想，着眼于解决工农业二元经济结构的矛盾以及调整产业结构，启发了宏观决策，得到了中央领导的高度重视，为党中央确立“出口导向”的外向型经济战略，从新中国成立后很长时间重工业优先的赶超发展战略，向充分发挥比较优势的发展战略转型起到重要作用。这也符合发展经济学理论，即一国的产业结构会经历从劳动密集型产业向资本密集型产业，再到信息密集型产业递进发展的过程。

外向型经济战略确立后，我国对外贸易获得了前所未有的发展，并对中国经济增长产生了巨大推动作用。随着中国要素禀赋的提升，承接国际产业梯度转移的能力不断增强，尤其是2001年中国正式加入世界贸易组织后，深度参与国际分工，融入国际大循环，形成了市场和资源两头在外的发展格局。于此过程中，在国际上，跨国公司调整其生产的区域分布，把生产基地转移到中国，逐步形成了在国际产业链、价值链分工中，中国生产中低端、附加价值低的产品，美欧日韩等生产中高端产品，占领科技制高点的格局。

（二）双循环新发展格局的形成

2020年5月14日中央政治局召开常务委员会会议，习近平总书记第一次提出“双循环”新发展格局。他指出，要深化供给侧结构性改革，充分发挥我国超大规模市场优势和内需潜力，构建国内国际双循环相互促进的新发展格局。此后，习近平总书记多次就构建新发展格局进行了阐述。2020年10月党的十九届五中全会和2022年10月党的二十大报告都明确提出，要“加快构建以国内大循环为主体、国内国际双循环相互促进的新发展格局”。

由改革开放之前的封闭内循环，到改革开放中的外循环，再到新发展阶段“双循环”新发展格局的形成，其内在的逻辑机理是什么呢？

第一，是我国经济发展变化的必然结果。近年来，随着外部环境和我国发展所具有的要素禀赋的变化，市场和资源两头在外的国际大循环动能明显减弱，而我国内需潜力不断释放，国内大循环活力日益强劲，客观上呈现出此消彼长的态势。2008 年国际金融危机是我国发展格局演变的一个重要分水岭。2008 年国际金融危机后，全球市场收缩，世界经济陷入持续低迷，国际经济大循环动能弱化。面对严重的外部危机冲击，我国将扩大内需作为保持经济平稳较快发展的基本点，推动经济发展向内需主导转变。自危机以来，我国经济已经在向以国内大循环为主体转变，经常项目顺差占 GDP 比例也从 2007 年的近 9%下降到 2%—3%，最低时仅 1%多一点。

党的十八大以来，我们坚持实施扩大内需战略，使发展更多依靠内需，特别是消费需求拉动，贸易依存度已从 2006 年的 64.20%下降到 2023 年的 33%。2009 年以后，曾经出现连续 7 年外需对中国经济增长贡献为负的情况。从趋势来看，国内市场主导国民经济循环的特征将会更加明显。

第二，是经济高质量发展的必然要求。改革开放以后相当长时间内，我国人均收入水平较低，我们发挥劳动力等要素低成本优势，抓住经济全球化的重要机遇，充分利用国际分工机会，参与国际经济大循环，形成了市场和资源“两头在外”的发展模式，推动了经济高速增长，人民生活从温饱不足到全面小康。

然而，经过长期努力，我国人均国内生产总值超过了 1.26 万美元，需求结构和生产函数都发生重大变化，我们面临的科技“卡脖子”问题日益突出。客观要求发展转向更多依靠创新驱动，不断提高供给质量和水平，推动高质量发展，客观上需要我们主动适应变化，努力攻坚克难，加快构建国内大循环为主体的新发展格局。

第三，是国际经济发展格局变化的结果。从国际经济发展的变化特征来看，大国经济的特征都是内需为主导、内部可循环，同时通过内循环产生巨大的市场和供给能力外溢带动外循环。我们已经成为世界第二大经济体，而且是制造业第一大国，大国经济到了这一阶段客观上就有调整的需要。经过改革开放以来 40 多年发展，我国经济快速成长，客观上已经具备了国内大循环主导的基础条件。

从供给角度看。其一，我国的国民储蓄率较高，在 20 多年中国民储蓄率整体上呈现先上升后下降的趋势。据国际货币基金组织的数据，2000—2008 年，我国国民储蓄率从 35.40％升至 51.60％的峰值，之后开始缓慢下降，于 2011 年降至 50％以下，2022 年降至 45.70％。尽管如此，我们仍是世界上国民储蓄率最高的国家。其二，我国拥有全球最完整、规模最大的工业供应体系和完善的配套能力，是全世界唯一拥有联合国产业分类中全部工业门类的国家，拥有 41 个工业大类、207 个工业中类、666 个工业小类。其三，我们拥有 1.8 亿户市场主体和 2.4 亿多受过高等教育人才，研发能力不断提升。

从需求角度看。其一，我国具有规模广阔、需求多样的国内消费市场。中国拥有 14 亿人口，超过欧洲、美国和日本人口的总和。我国有约 4 亿中等收入人口，是全世界最大的中等收入群。随着向高收入国家行列迈进，剩余 10 亿人的需求被激发，规模巨大的国内市场会不断扩张，需求潜力十分广阔，消费总量扩大和消费结构升级的空间巨大。其二，我国是世界上最大的发展中国家，城镇化建设、产业升级、中西部发展都将不断释放投资潜力，存在大量基础设施建设需求。城际高铁、城际轨道交通是推进城市群一体化、都市圈同城化的“血脉”。2023 年，我国城轨全自动运行系统发展迅速，全自动运行线路的运营里程由2016年的85.20公里增长到985.30公里，年均增长128.59公里。

从国际经济循环看。我国具备国内国际循环相互促进的条件。对外开放是我国的基本国策，目前我们正在实施更大范围、更宽领域、更深层次的对外开放，建设更高水平的开放型经济新体制。我国的产业链和需求市场已经深度融入全球经济体系，我们与全球很多国家的产业关联和相互依赖程度都比较高，我国已成为全球140多个国家和地区的主要贸易伙伴。通过发挥内需潜力，更好地联通国际国内市场，可以以国内大循环吸引全球资源要素，更好地利用国际国内两个市场两种资源，提高我国在全球配置资源的能力。

第四，是国际环境复杂变化的结果。当今世界正经历百年未有之大变局。一方面，和平与发展仍然是时代主题，新一轮科技革命和产业革命深入发展，国际力量对比深刻调整，人类命运共同体理念深入人心。另一方面，国际环境日趋复杂，国际形势的不稳定性不确定性明显增加。近年来，世界进入动荡变革期，民粹主义、排外主义抬头，单边主义、保护主义、霸权主义对世界和平发展构成威胁，经济全球化遭遇逆流，逆全球化趋势日趋明显，全球产业链、供应链面临重大冲击，风险加大。面对外部环境变化带来的新矛盾新挑战，我们必须调整经济发展路径，在努力打通国际循环的同时，进一步畅通国内大循环，提升经济发展的自主性、可持续性，增强韧性，保持我国经济平稳健康发展。为此，习近平总书记指出，在当前国际形势充满不稳定性不确定性的背景下，我们立足国内，依托国内大市场优势，充分挖掘内需潜力，有利于化解外部冲击和外需下降带来的影响，也有利于在极端情况下保证我国经济基本正常运行和社会大局总体稳定。

(三)双循环新发展格局的实践成效

1.以国内大循环为主体的格局已经形成

"十三五"时期是我国决胜全面建成小康社会阶段,这一任务已经完成。"十四五"时期是我国开启全面建成小康社会、实现第一个百年奋斗目标之后,乘势而上开启全面建设社会主义现代化国家新征程、向第二个百年奋斗目标进军的第一个五年。目前,我国已经积累了雄厚的物质基础、丰富的人力资源、完整的产业体系以及强大的科技力实力,我国拥有全球最大最有潜力的市场,市场空间广阔,发展韧性强大,经济长期趋势向好。

(1)经济总量、人均可支配收入持续上升

从经济总量看,2011 年我国 GDP 为 48.79 万亿元,2019 年达到 99.09 万亿元,只用了 8 年时间 GDP 翻一番。2023 年 GDP 达到 126.06 万亿元,按不变价格计算,同比增长 5.2%,是世界上增长速度最快的国家之一。尤其是 2020 年,新冠疫情袭来,全球经济受到严重影响,我国成为世界主要经济体中唯一一个实现经济正增长的国家。

从居民人均可支配收入、人均消费性支出看,近 10 年来均呈现出稳步增加趋势,居民消费能力持续提升。扣除价格因素影响,2023 年全国居民人均可支配收入同比增长 6.10%,人均消费性支出同比增长 9%。

(2)消费成为经济增长的主要引擎

2013 年以来,消费稳定成为我国经济增长的主动力。2023 年,最终消费支出、资本形成总额、货物和服务净出口分别拉动经济增长 4.30 个、1.50 个、−0.60 个百分点,对经济增长的贡献率分别为 82.50%、28.90%、−11.40%。图 5 反映了 2000 年以来三大需求对 GDP 的贡献率。

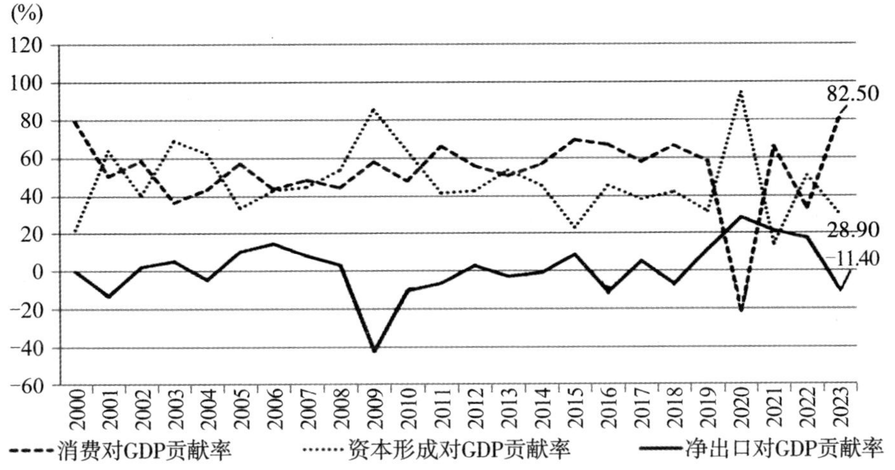

图 5　三大需求对 GDP 的贡献率

资料来源:国家统计局

近年来,我国消费结构也不断升级。2023 年,全国居民恩格尔系数为 29.80%,全年全国居民人均消费支出中,服务性消费支出占比达到 45.20%。图 6 反映了 2013 年以来恩格尔系数及服务性消费支出占比变化情况。

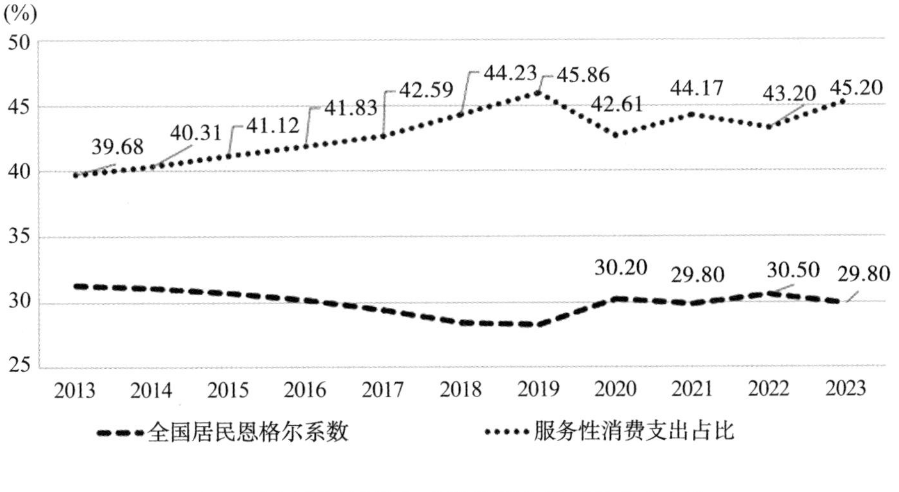

图 6　全国居民恩格尔系数及服务性消费支出占比

资料来源:国家统计局

医疗保健、居住、教育文化娱乐等支出占比整体呈现出上升趋势。此外，近年来，线上消费渐成热点，网上零售额占社会消费品零售总额比例呈增长趋势，成为消费市场变化的新特点。

(3)国际贸易占国内生产总值比重趋于下降

改革开放以后，进出口总额占 GDP 的比重逐年上升，在 2006 年达到峰值(64.24%)，随后开始下降，到 2023 年这一比重已下降至 33.12%(见图 7)。

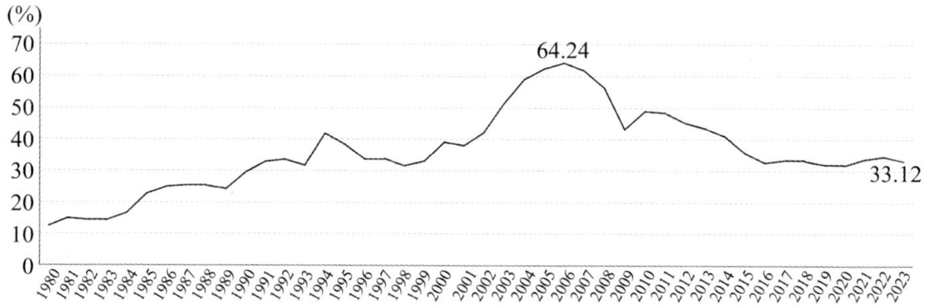

图 7　1980—2023 年我国进出口总额占 GDP 比重

资料来源：国家统计局

(4)外商直接投资占比在人民币汇率升值中下降

改革开放后，人民币逐渐成为经常账户可兑换货币，汇率开始持续贬值，1994 年实施单一汇率制度后，人民币兑美元从 1993 年的 5.76∶1 大幅贬为 8.62∶1(见图 8)。随着人民币汇率贬值，外商直接投资大量流入中国，1994 年外商直接投资占全社会固定资产投资比重达到最大值 17.08%。而后随着人民币开始升值，外商直接投资占比逐年下降，2022 年、2023 年仅占 2.13%和 2.18%(见图 9)。

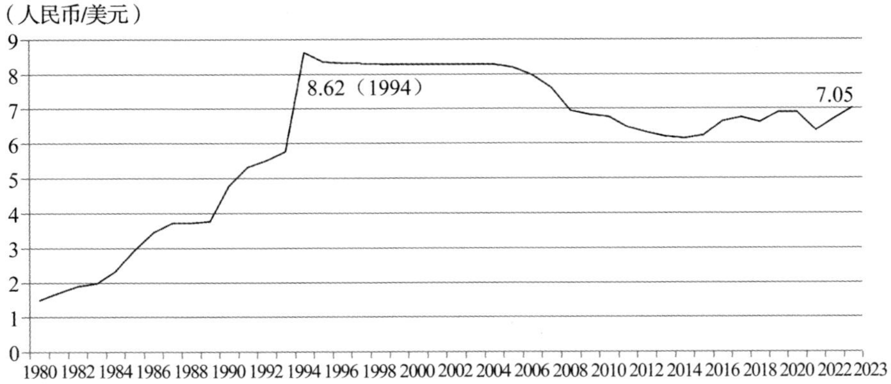

图 8　1980—2023 年我国人民币汇率变动情况

资料来源：国家统计局

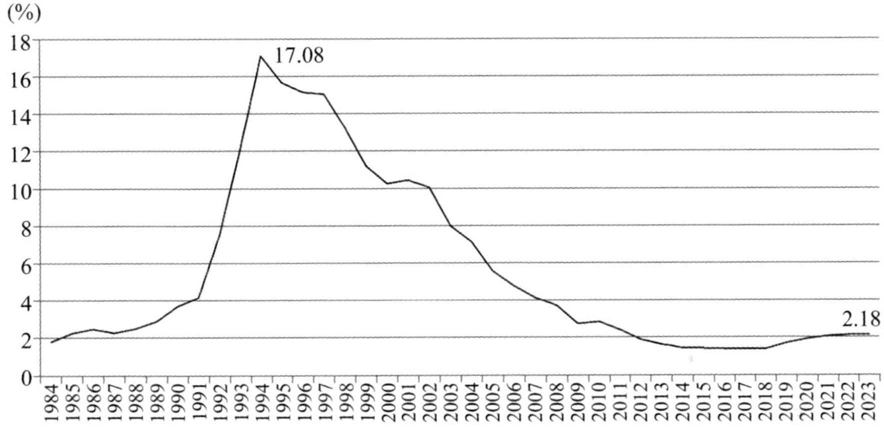

图 9　1984—2023 年我国外商直接投资占全社会固定资产投资的比重

资料来源：国家统计局

(5)进出口占国内总需求比重趋于下降

我们使用商品和服务进出口总额占国内总需求(消费＋投资＋政府支出)比重作为国际循环与国内循环对比的指标。改革开放以后，这一指标值逐步上升，但自 2006 年达到峰值 70.37％后，开始快速下降。截至 2022 年，这一指标值已下降至 33.89％，表明国际循环规模相对国内循环规模已降至约 1/3，相当于 1990 年前后的水平，1990 年这一指标值为 33.62％(见图 10)。

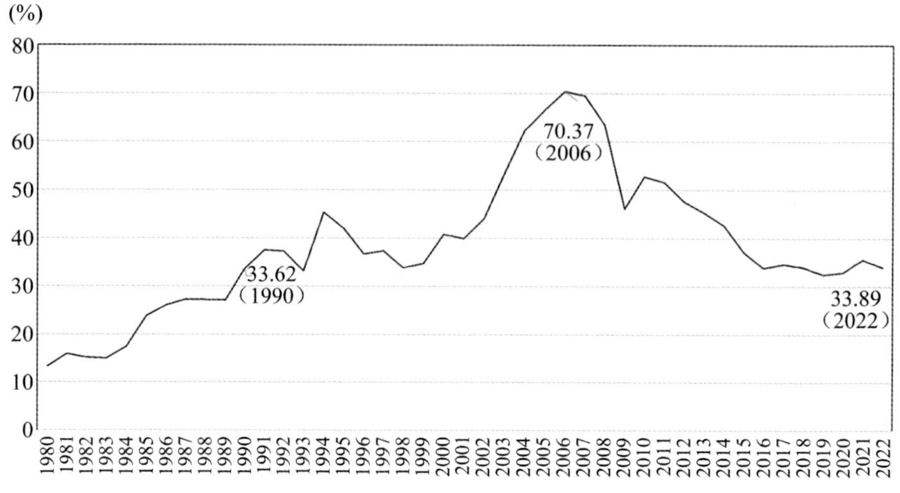

图 10　1980—2022 年我国商品和服务进出口总额与国内总需求的比重

资料来源:国家统计局

(6)国际贸易收支差额占 GDP 的比重趋于下降。

我国国际贸易顺差在 2007 年达到峰值 8.67％以后开始逐步下降,2019 年仅为 1.14％,近几年有所上升,2021—2023 年分别为 3.82％、4.62％和 4.59％,总体是国际贸易平衡状态(见图 11)。

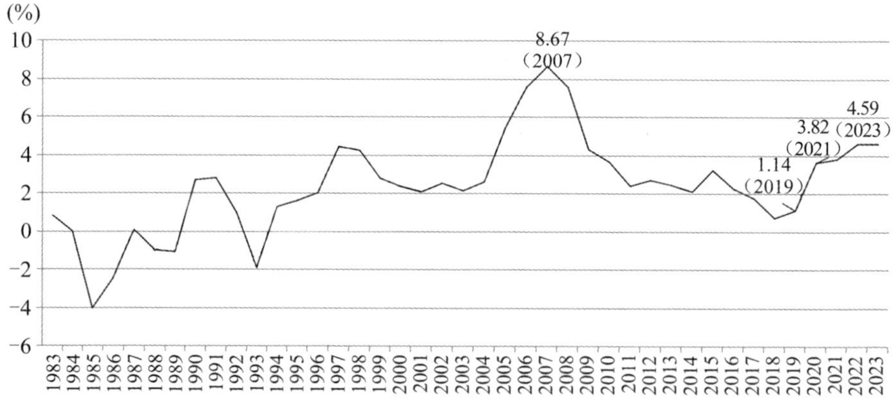

图 11　1984—2023 年我国国际贸易收支差额占 GDP 的比重

注:负数说明当年国际贸易收支差额为负,即贸易逆差。

数据来源:国家统计局

2.从国际循环看，对外开放水平全面提高

党的十九届五中全会明确提出，要坚持实施更大范围、更宽领域、更深层次对外开放；要建设更高水平开放型经济新体制。从习近平主席提出人类命运共同体理念，到“一带一路”倡议，推进亚洲基础设施投资银行、丝路基金、金砖国家开发银行建设；从大力推进国内自由贸易区（Free Trade Zone，FTZ）建设到扩大和升级对外自贸协定（Free Trade Agreement，FTA），从打造中国国际进口博览会开放合作平台，开启从出口大国到进口大国、从世界工厂到世界市场的转型，到举办世博会、打造粤港澳大湾区、海南全境开放打造自贸港，这一系列重大举措，无不彰显我们正在系统化、集成化推进全方位、多层次、多元化对外开放与合作格局的形成，释放出打造对外开放升级版的强烈信号。

（1）国内自贸区

自 2013 年中国首个自贸试验区在上海挂牌，至 2023 年经过7 次扩容，批准建设的自贸区达到了 22 个，形成了以上海自贸区为领头雁，从沿海到沿边，覆盖东西南北中全国各个主要区域的我国自贸区建设格局。这一格局也构建起东中西协调联动、陆海统筹发展的全方位、高水平区域开放的全新格局。从当初的世界工厂到现在的世界市场，我们正在拥抱全世界。

从战略上看，自贸区既能服务于“一带一路”建设、京津冀协同发展、长江经济带发展、粤港澳大湾区建设等重大战略，又能服务于西部大开发、振兴东北老工业基地、中部崛起、东部地区率先发展等区域发展战略，环环相扣，与国家新一轮改革开放的总体布局高度吻合。

（2）对外自贸协定

我国已与 29 个国家和地区签署了 22 个自贸协定，自贸伙伴遍及亚洲、拉丁美洲、非洲、欧洲和大洋洲。2024 年上半年，商务部推动实施了与尼加拉瓜、厄瓜多尔、塞尔维亚的 3 个自贸协定，签署了与洪都拉斯的自贸协定早期收获安排，实质性完成了与秘鲁的自贸协定升级谈判，也正式启动了与萨尔瓦多的自贸协定谈判和与新西兰的自贸协定负面清单谈判。自贸协定的内容也在不断丰富，比如标准合作、贸易单证数字化等新内容逐步纳入我国在签、在谈的自贸协定。据统计，中国与自贸伙伴的贸易额占我国对外贸易额的1/3左右。

这里有一个重要区域，即中国—东盟(10+1)自由贸易区。

中国—东盟自由贸易区于2010年1月1日正式全面启动，是中国对外建立的第一个自贸区，其成员包括中国和东盟10国(文莱、印度尼西亚、马来西亚、菲律宾、新加坡、泰国、柬埔寨、老挝、缅甸和越南)，涵盖19亿人口和1400万平方公里。2021年11月22日，在中国与东盟建立对话关系30周年纪念峰会上，中国、东盟正式宣布建立全面战略伙伴关系，并推进中国—东盟自贸区3.0版自贸协定升级。

中国与东盟互为第一大贸易伙伴。自2013年以来，中国与东盟贸易年均增速7.50%，2023年双边贸易额达9117亿美元，中国连续15年保持东盟第一大贸易伙伴，东盟连续4年是中国第一大贸易伙伴。中国与越南、马来西亚、印度尼西亚、泰国、新加坡等东盟国家的双边贸易规模均突破1000亿美元。2024年1—7月，中国与东盟双边贸易额达到5520亿美元，同比增长7.70%，占同期中国外贸进出口总额的15.80%。截至2024年7月，中国同东盟国家累计双向投资超过4000亿美元，中国企业在东盟累计完成承包工程营业额超过4400亿美元。

(3)区域全面经济伙伴关系协定(RCEP)

RCEP由东盟十国于2012年发起，是以发展中经济体为中心的区域自贸协定。2020年11月，东盟十国、中国、日本、韩国、澳大利亚、新西兰15个国家正式签署区域全面经济伙伴关系协定。RCEP被视为全球规模最大的自贸协定，覆盖22亿人口，约占世界总人口的30%，2023年GDP规模和贸易规模占比接近世界的30%，市场空间和潜力巨大。RCEP 将实现地区各国间货物贸易、服务贸易和投资高水平开放，极大提升区域贸易投资自由化便利化水平，提升地区吸引力和竞争力，成为拉动全球增长的重要引擎。

(4)“一带一路”

2013 年 9 月和 10 月，中国国家主席习近平先后提出共建“丝绸之路经济带”和“21 世纪海上丝绸之路”重大倡议(简称“一带一路”，The Belt and Road，B&R)，得到国际社会的高度关注和有关国家的积极响应。体现了中国对推动国际治理体系朝着更加公平、公正、合理方向发展的责任担当。

目前，我国已与 152 个国家、32 个国际组织签署了 200 多份共建“一带一路”合作文件，签订合作协议 150 多个。加入“一带一路”倡议的国家数量占全球国家数量的 77%，加入“一带一路”倡议的国家面积占 197 个国家总面积的 65%，加入“一带一路”倡议的国家的人口数量占全球人口总量的 65%。迄今已经形成 3000 多个合作项目，拉动近万亿美元投资规模。

2016—2023 年，“一带一路”沿线国家进口和出口都呈现大幅增长态势(见图 12)。

图 12　2016—2023 年“一带一路”沿线国家进出口总额

数据来源：国家统计局

三、新发展阶段的经济政策选择

(一)坚持"稳中求进"总基调的经济政策

党的十八大以来,我们一直强调"稳中求进"的工作总基调,这充分体现在2011年以来的历次中央经济工作会议上。

2011年首次提出要"把握好稳中求进的工作总基调";2015年提出坚持稳中求进工作总基调,引领经济新常态,推进供给侧结构性改革。2016年提出坚持稳中求进工作总基调,牢固树立和贯彻落实新发展理念。2017年强调稳中求进工作总基调是治国理政的重要原则,要长期坚持。2018年提出坚持稳中求进工作总基调,加快建设现代化经济体系,强调稳就业、稳金融、稳外贸、稳外资、稳投资、稳预期"六稳"。2019年首次提出坚持稳字当头,坚持稳中求进工作总基调。2020年强调坚持稳中求进工作总基调,提出落实保居民就业、保基本民生、保市场主体、保粮食能源安全、保产业链供应链稳定、保基层运转"六保"任务。2021年、2022年继续强调坚持稳字当头、稳中求进。2023年首次提出坚持稳中求进、以进促稳、先立后破。

如何理解稳中求进工作总基调?至少可以从这几个方面去分析。首先,根据经济增长规律,当我们经济体量如此大,成为世界第二大经济体的时候,不可能继续高速增长。其次,我国经济进入新发展阶段后,正面临转型发展,以供给侧结构性改革为主线,推进经济走向新常态,产业迈向中高端,实现高质量发展。最后,如前所述,这也是全球经济形势变化、冲击的现实与客观需要。

(二)经济企稳回升面临较大压力

近年来尤其是全球疫情暴发以来,全球经济低迷,增长乏力。2023年的世界经济仍是复苏动能不足,全球通胀水平仍处高位,主要经济体紧缩货币政策的外溢效应凸显,国际环境更趋复杂严峻,单边主义、保护主义和地缘政治等风险上升。从国内经济看,周期性、结构性问题叠加，也面临诸多困难，但是，即便如此，从总体上，我国经济在波动曲折中回升向好。从我国季度 GDP 同比增长率可以看到我国经济整体企稳回升的基本态势(见图 13)。

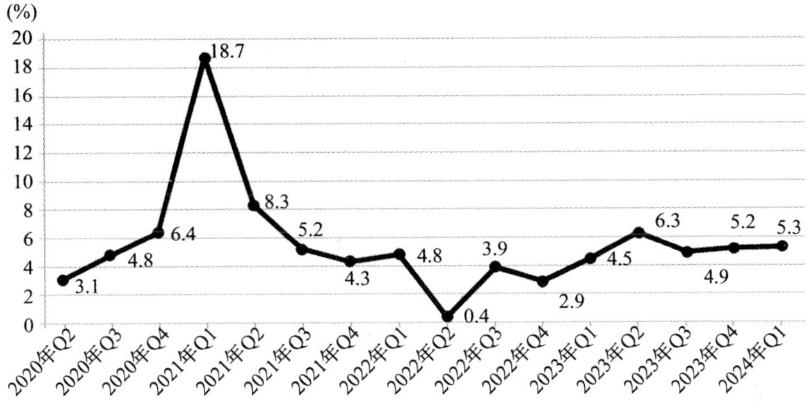

图 13　我国季度 GDP 同比增长率

数据来源：国家统计局

此外，我国的消费正在修复过程中，投资相对平稳，出口保持了韧性，尤其是贸易结构优化，新的出口产品替代了传统的经济出口，我国出口正由中国制造转向中国创造。尤其是民营企业活力充足，发挥主力作用。2023 年，我国有进出口记录的外贸经营主体首次突破 60 万家，其中，民营企业 55.60 万家，合计进出口 22.36 万亿元，增长 6.30%，占进出口总值的 53.50%。

但是，我国经济也面临着较大的压力，除了受全球经济复苏回升迟缓的影响外，国内经济压力主要有：一是市场预期不稳，动力不足。自 2023 年以来，除少数月份外，制造业采购经理指数均在 50%的荣枯线以下。二是三大需求动能不足。全社会固定资产投资：2024 年相比 2023 年有所回升，但呈现出前高后低整体持续下降的趋势。尤其是民间投资不足，固定资产投资增长主要来源于国有及国有控股企业。消费需求：2024 年以来呈现趋势性下滑。出口需求：一方面欧美对我们实施外部打压，另一方面受欧美经济体需求下滑影响，稳出口承受的压力较大。三是企业利润增长迟缓，2023 年全年处在负增长，值得欣慰的是，2024 年以来恢复了正增长。四是物价持续走低，CPI 自 2023 年以来多数月份同比上涨，基本维持在 0.10%—0.60%，PPI 自 2022 年 10 月以来连续负增长，已达 20 个月以上。五是存在就业的结构性矛盾。近年来，我国就业形势总体平稳，失业率基本维持在 5.20%左右，但是失业的结构性问题不容忽视，尤其是青年人就业难的结构性矛盾突出。2024 年 4 月，不包括大学在校生的 16—24 岁人口的失业率为 14.7%；25—29 岁人口的失业率为 7.1%。六是房地产市场尽管有各种拉动需求的政策刺激，仍整体一直处在持续走低的状态。

（三）处理好经济运行中的几个关系

结合当前经济形势，我认为需要处理好经济运行中的几个关系。

第一，质和量的关系。就是要处理好速度与质量的关系问题。2023 年中央经济工作会议强调：巩固和增强经济回升向好态势，持续推动经济实现质的有效提升和量的合理增长。为此，需求侧和供给侧都要抓。需求侧抓好“三驾马车”，通过有效的投资、消费、出口相关政策运用，使经济回归常态化增长，即实现量的合理增长。供给侧抓好供给侧结构性改革，通过存量的提质增效、转型升级、结构调整，增量的创新驱动，塑造新产业、新模式、新动能，以科技创新引领现代化产业体系建设，立足中长期提高我国的潜在增长率，使未来的经济发展更有竞争力，实现高质量增长。科技创新的大量投入也是投资需求的一部分，创造出来的新产品、新供给也能对消费需求产生提振作用。

第二，稳与进的关系。从当前经济状况看，一方面宏观经济形势呈现恢复企稳向好态势，但另一方面微观感受存在差异。为什么会出现这种宏观数据与微观感受之间的“温差”？我认为主要是一些结构性矛盾、局部性问题所致。比如内需不足、外需收缩导致的有效需求不足；部分行业产能过剩，政府债、城投债、其他隐形债务问题比较集中；房地产市场低迷；货币投放不减、利率下调，但投资却难以启动，尤其民间投资持续走低；以及社会预期偏弱等。

这一切表明，我们的经济迫切需要“进”。2023 年中央经济工作会议提出稳中求进、以进促稳、先立后破。《2024 年政府工作报告》进一步强调：我们要坚持稳中求进、以进促稳、先立后破。习近平总书记指出，要抓住一切有利时机，利用一切有利条件，看准了就抓紧干，能多干就多干一些。“稳”是大局和基础，要多出有利于稳预期、稳增长、稳就业的政策，谨慎出台收缩性抑制性举措，清理和废止有悖于高质量发展的政策规定。“进”是方向和动力，该立的要积极主动立起来，该破的要在立的基础上坚决破，特别是要在转方式、调结构、提质量、增效益上积极进取。要强化宏观政策逆周期和跨周期调节，继续实施积极的财政政策和稳健的货币政策，加强政策工具创新和协调配合。

第三，内需和外需的关系。当前国内大循环存在堵点，国际循环的外部环境复杂性、严峻性、不确定性上升。为此，要努力扩大国内需求，激发有潜能的消费，扩大有效益的投资，形成消费和投资相互促进的良性循环。

关于消费，一要稳定和扩大传统消费，提振新能源汽车、电子产品等大宗消费；二要培育壮大新型消费，促进消费升级，大力发展数字消费、绿色消费、健康消费，培育智能家居、文娱旅游、体育赛事、国货“潮品”等新的消费增长点；三要增加城乡居民收入，扩大中等收入群体规模，优化消费环境。

关于投资，一要发挥好政府投资的带动放大效应，重点支持关键核心技术攻关、新型基础设施、节能减排降碳，培育发展新动能；二要完善投融资机制，实施政府和社会资本合作新机制，支持社会资本参与新型基础设施等领域建设；三要落实鼓励民间投资的政策。稳定和扩大民间投资，落实和完善支持政策，进一步拆除各种藩篱，在更多领域让民间投资进得来、能发展、有作为。

关于外需，要进一步扩大高水平对外开放。要主动对接高标准国际经贸规则，稳步扩大制度型开放，增强国内国际两个市场两种资源联动效应，巩固外贸外资基本盘，培育国际经济合作和竞争新优势。要加快培育外贸新动能，拓展中间品贸易、服务贸易、数字贸易、跨境电商出口等；要认真解决数据跨境流动、平等参与政府采购等问题，持续建设市场化、法治化、国际化一流营商环境；要完善边境贸易支持政策，加快内外贸一体化发展。

第四，国有和民营的关系。要不断完善落实“两个毫不动摇”的体制机制，充分激发各类经营主体的内生动力和创新活力。通过深入实施国有企业改革深化提升行动，增强核心功能，提高核心竞争力。全面落实促进民营经济发展壮大的意见及配套举措，促进民营企业发展壮大，进一步解决市场准入、要素获取、公平执法、权益保护等方面存在的突出问题。提高民营企业贷款占比、扩大发债融资规模，加强对个体工商户分类帮扶支持；加快全国统一大市场建设，制定全国统一大市场建设标准指引，着力推动产权保护、市场准入、公平竞争、社会信用等方面制度规则统一，着力破除各种形式的地方保护和市场分割，坚持依法监管，提升监管精准性和有效性，维护公平竞争的市场秩序。

第五，传统与现代的关系。坚持创新驱动，推动传统产业和新兴产业协同发展。一要正确认识和对待传统产业。不能把传统产业当成“低端产业”简单退出，坚持推动传统产业提质增效、结构调整，转型升级，实施产业基础再造工程和重大技术装备攻关工程，加大技术改造和设备更新，提升基础产品质量和技术性能。广泛应用数智技术、绿色技术，加快传统产业转型升级。二要以科技创新引领现代化产业体系建设。以科技创新推动产业创新，特别是以颠覆性技术和前沿技术催生新产业、新模式、新动能，发展新质生产力。实施制造业重点产业链高质量发展行动，提升产业链、供应链韧性和安全水平。大力推进新型工业化，发展数字经济，加快推动人工智能发展。

打造若干战略性新兴产业,开辟量子、生命科学等未来产业新赛道。

第六,政府与市场的关系。党的十八大以来,党中央多次强调处理好政府和市场的关系,推动有效市场和有为政府更好结合。党的二十大报告再次强调"充分发挥市场在资源配置中的决定性作用,更好发挥政府作用"。更好发挥政府作用,不是要更多发挥政府作用,而是要在保证市场发挥决定性作用的前提下,管好那些市场管不了或管不好的事情。一是不要手伸得太长,导致"看得见的手"压制甚至取代了"看不见的手",过多使用行政手段,过度动用行政干预,降低资源配置效率。二是不能手伸得太短,该伸手时不伸手,要划定管理的边界,找准服务的边界,把握调控的边界。